「こども かいぎ」のトリセツ

映画『こどもかいぎ』監督
豪田トモ 著

認定NPO法人フローレンス
みんなのみらいをつくる保育園東雲 園長
成川宏子 監修

すぐできる！
対話力を育む保育

中央法規

監修の言葉

認定NPO法人フローレンス
みんなのみらいをつくる保育園東雲 園長
成川宏子

　小さな手を握り歩く時、顔を見合わせ笑う時、そして輪になって話し合う時、保育の仕事の醍醐味を感じます。毎日のように園児との話し合いを行ってきた当園が、縁あって豪田監督と出会い、改めて「こどもかいぎ」に向き合うことになりました。

　子どもの時、場の空気を読んで意見を言えなかった経験のある大人は多いことでしょう。果たしてあなたの周りでは、子どもがひとりの人間として尊重されているでしょうか。

　「こどもかいぎ」をリラックスした環境で行うと、「こどもは立派なひとりの人間だ」と感じさせられます。見て、考え、試行錯誤しています。意見を言いたい子もいれば、言いたくない子も、全く違うことを考えている子もいます。大人の会議中と同じです。しかし、大きな違いは、忖度がないことです。自分に正直で、多様性を認め、結論を出すことにこだわらない子どもたち。初めの一歩でそれが尊重されていたら「こどもかいぎ」はきっと楽しいものになります。

　豪田監督が来園した時、子どもたちにもみくちゃにされる様子を見て、やはり子どもは「子ども好き」が一瞬でわかるのだと確信しました。子どもは何やらチェックだけしに来た大人には目もくれず、または遠目に眺め、好きで子どもたちの場所にやってきた人にはすぐに近寄り声をかけます。豪田監督のように子どもたちとの時間を楽しめるかどうかが、その「かいぎ」の未来に影響するかもしれません。楽しめないようなら、まずはどうしたら楽しめるのかをぜひ考えてみてください。「子ども」という魅力的な人たちと過ごす機会に恵まれた、この本を手に取ってくださった皆さんには、「こどもかいぎ」を経験することできっともっと子どもたちの可能性を引き出せるということを知ってほしいです。

　子どもは自分と自分の周りを幸せにする天才なので、たくさんの「こどもかいぎ」に参加し、意見を述べ、イノベーションを起こし、シチズンシップのある社会を創造していくことでしょう。それが今なのか、少し先のことになるのか、少人数なら意見が言えるのか、後で内緒話なら教えてくれるのか、そんな違いはあって当然です。

　それでも、まずはやってみるといいよ、と背中を押してくれるのがこの本であり、「こどもかいぎって本当に面白い」と、映画を製作し、そのトリセツを本にしようと考え実行してくれたのが豪田監督なのです。皆さんが豪田監督のように、「こどもかいぎ」を楽しんでくれますように。

はじめに

映画監督
豪田トモ

もし、子どもたちの頭の中を覗かせてもらえるとしたら……、
もし、子どもたちの心の顔を見せてもらえるとしたら……、

なんだかワクワクしませんか？

はじめまして！　著者の豪田トモと申します！

僕は、映画や書籍など様々な媒体を通じた表現活動をしておりますが、最新作として、ある保育園を舞台に映画を作る機会に恵まれました。

タイトルは、『こどもかいぎ』。

子どもたちが織りなす「かいぎ」＝「対話」をテーマにしたドキュメンタリーで、様々な事柄を自由に語り合う子どもたちの成長を描いています。
面白そうでしょ～？
「子どもが『かいぎ』ってどういうこと～？」と思いませんか？
はい、映画の宣伝は分かったよ、と（笑）。「なんで、映画監督が保育や教育に関わる本を書いたの？」という真っ当な質問をくださった、あなた。素晴らしいです！

その答えは……、子どもたちにあります。

映画を製作したことをきっかけに、僕は**子どもたちが言葉を交わし合うことの無限すぎる可能性にすっかり胸キュンしてしまったんです**（すみません。今後もよく死語が出てきます😄）。彼らの言葉が空間を交差し、それぞれの声が色とりどりの帯となって重なり合う様は、七色に輝く虹がシュパ───ンと架かるような、そんな期待感に満ちていました。

「こどもかいぎ」という対話活動は、単なるおしゃべりではありません。子どもたちが生きていく未来を大きく、大きく変えうる、壮大な計画なのです。

簡単に自己紹介させていただきますと、僕はこれまで「命と家族」をテーマに４つの映画、そして４冊の書籍を発表してきました。

　扱ってきたテーマは、妊娠、出産、育児を中心に、家族の多様性、パートナーシップ、親子関係、愛着障がい、児童養護、児童虐待防止、産後うつ、不妊症、性教育・命の教育、いじめ、障がい、旅立ち、在宅医療、介護、闘病、グリーフケア、ジェンダー、依存症など、書いていてバタンキューするくらい😄非常に多岐に渡ります。

　これまで、直接的・間接的に「子ども」について、多様な観点から作品作りに没頭してきましたが、今回、映画『こどもかいぎ』によって、保育や幼児教育、対話、ファシリテーションなどの分野に足を踏み入れることになりました。

　他の作品と映画『こどもかいぎ』が決定的に違ったのは、今まで以上に子どもたちに真正面から向き合ったことです。もともと僕は子どもが大好きなので、自分の娘だけでなく、娘のお友達ともよく一緒に遊んだりしていましたが（遊ばれていた？）、「子どもにじっくり話を聴く」というのは、あまりなかった体験で、そこから得られたことは、アリスがウサギの穴に落ちるような、とてつもなく深いものがありました。

子どもたちから言葉が飛び出す 「こどもかいぎ」

　簡単に説明しますと、「こどもかいぎ」とは、子どもたちが輪になって自由に話し合うことです。「朝ご飯は何を食べた？」「今度の遠足はどこに行こうか？」というものから、「みんなの宝物って何？」「みんなはどうして生まれてきたんだろう？」など、多種多様なトピックに対して、子どもたちは嬉々としてお話をしてくれます。

　これがね〜、また面白いんですよ〜！「ぼくは、じんるいをふやすためにうまれてきた！」なんて言う子もいれば、「パパとママにあいたくてうまれてきた」な〜んて、親が聞いたら涙ちょちょぎれものの話もあれば、「ぼくは東京ドームシティでうまれたんだー」など吉本新喜劇ばりにズッコケそうな珍回答（？）も飛び出してくるし、「パパとママね、よくケンカして、りこん！とかいってる！」な〜んてドキッとする発言も。何が出てくるか分からない玉手箱を、かわいいかわいい子どもたちが、「言葉」によって披露してくれるのです。繰り返しますが、これはただの「おしゃべり」なんかじゃあ、ありませんよ。

相手の話を理解し、自ら考え、思考を整理し、そして言葉に変換して、表現する。

　これらのプロセスを積み重ねていくと、**聴く力や話す力はもちろんのこと、理解力や思考力、共感力などの多様なポテンシャルを伸ばすと共に、自己肯定感や幸福感などもロケット噴射のように上がっていきます。それは、周りがじっくり話を聴くことで、子どもたちに心理的に安全な空間を提供できるから**でもあります。もしかしたら、**明日の日本社会を救う人材を育てることにつながるかも！**とさえ思っています。

　「対話」には子どもたちの今と未来を変えうる、マジカルな力があるんです！

　「こどもかいぎ」は、子どもたちの教育、福祉、そして子育て支援という３つの重要な機能をいっぺんに網羅できるところが、大きな可能性の１つです。いわば「一石三鳥」！ラーメンで例えると「全部入り」のようなものです😊。

　このような、魅力と将来性がてんこ盛りな「こどもかいぎ」を執り行うのは（本書では「ファシリテーション」と呼ぶことにします）、保育士さんや幼稚園教諭、学校の先生、児童館や学童の職員など、日々、子どもたちと接する、皆さんたちです。

赤ちゃんを叩いちゃう子に取った保育士の「神行動」とは？

　映画のなかにこんな場面があります。幼児の男の子が乳児の赤ちゃんを叩いちゃうのが止まらないことがありました。こういうとき、僕だったら、単純に「やめなさい」と注意したり、叩かないよう手をつかんだりしていたように思いますが、そのときに保育士さんがとった行動。こ〜れがスゴイ！どんなことだと思いますか？

　それは、その男の子を「抱きしめる」ということでした。叱ったり、たしなめたりするのではなく、叩かれた側だけでなく、叩いてしまった子の気持ちにも思いを馳せ、ぎゅ〜っと優しく包み込む。

　もしかしたら、この行動、皆さんにとっては「当たり前」かもしれません。「どこがスゴイの？」と思われるかもしれません。でも、一般社会では「特殊な能力」です。

よく考えてください。これ、その辺りにいる人たちができると思いますか？優秀だと言われているビジネスマンの皆さんにできますか？東大を出た官僚の方々にできるでしょうか？（こんなん書いたら怒られちゃうな😄）僕に言わせれば、皆さんは「アベンジャーズ」！ヒーローであり、ヒロインなのです。

目の前の子どもたちをしっかりと観察して、心の動きを読んで、注意深く見守り、愛情と信頼を注いで、**子どもたちを育てていく圧倒的な知識、技術、経験、そして、並外れた専門性**。これは、小さな子どもたちに携わる皆さんの、偉大なる、そしてぜひ、誇りと自信を持っていただきたい、際立った特色なんです。

「こどもかいぎ」のトリセツは 皆さんへのラブレターであり、感謝状

僕は撮影を通じて、こんな宝物のような素敵な体験を幾度となくさせていただくことができました。それ以来、僕はすっかり保育ファン。いつか皆さんに、何かお役に立てること、恩返しができないかなぁと、思ってきました。

そしていただいた機会が今回。2022年夏の映画公開と同時に、「『こどもかいぎ』をやってみたいけれど、やり方が分からない」「ファシリテーションができるのは、特別のセンスを持った人だけなんじゃないか」というお声を受けて、**いつでも、どこでも、誰でも、「こどもかいぎ」をしていただけるよう、『「こどもかいぎ」のトリセツ』を用意**しました。いわば、**本書は子どもたちに関わる皆さんへのラブレターであり、感謝状**です。

この「トリセツ」は、映画撮影の経験や様々なリサーチ・取材内容をまとめただけでなく、小児科医や精神科医、心理カウンセラー、保育士、保健師、幼稚園教諭、企業経営者、ファシリテーターなど、様々なバックグラウンドを持った各分野のアベンジャーズな専門家たちと、約半年間、「おとなかいぎ」をして、魂を込めてノウハウを編纂したタイタニック級の超大作です。

　ただ、あらかじめ、本書では、**「エビデンス」や「証拠」のようなものを、あえて、あまり掲示しない**ようにしているということは、先にお伝えさせてください。この本は、研究結果の発表ではなく、あくまでイチ映画監督が、子どもの対話をテーマにした映画を4年間かけて作った実体験から、学んだこと、感じたこと、気付いたことを書かせていただいているに過ぎません。

　もしかしたら僕が書いていることは、否定的に捉えられることも、違和感を覚えることもあるかもしれません。でも、それでいいと思うんです。**正しいかどうか、合っているかどうか、ということを論じる意図は本書にはありません。** これは僕と皆さんとの対話です。「こんな考えもあるんだな」と映像屋の取るアングルを楽しみつつ、日々の業務に活かしていただければ幸いです。

知っているようで知らなかった、子どもたちの新たな魅力を発見するきっかけに

　とはいえ、この「こどもかいぎ」のトリセツ。内容の多くは、既にWEBで無料公開されています（出版社さんにはナイショですよ！😊）。

　とってもありがたいことに、トリセツを使って、日本全国で「こどもかいぎ」活動がスタートしていますが、やっぱり「WEBの限界」というものがあって、**「現場で『こどもかいぎ』をやりながら、スマホで検索している時間がないので、本として手元に置いておきたい」** というご希望もたくさん寄せられるようになり、今回、**アップデートされた幾多の情報や全国の園での事例紹介**なども含めて、書籍としてまとめることになりました。

　「こどもかいぎ」をどうやったら楽しく運営できるのか、どういうステップを踏んでいくとバッチグーなのか、どういうトラブルが発生しやすいのか、それをどう解決したらいいのか、等々の「叡智の塊(!!)」が本書には詰まっています。

本書を読んでいただくと、**どなたでも「こどもかいぎ」のファシリテーションが実践できるようになる**だけでなく、**子どもたちの頭の中、心の顔を見せてもらえるように**なります。**知っているようで実は知らなかった、皆さんの目の前の子どもたちの新たな魅力を発見する大きなきっかけに**なります。子どもと接することがますます楽しくなるだけでなく、皆さんのお仕事がちょっぴり楽になるかもしれません。

　また、「こどもかいぎ」のファシリテーションをすることで、子どもだけでなく、皆さん自身に周りの人たちの声を聞き取る力が備わるようになったり、職場内で対話の習慣ができたり、働きやすい場作りに結びつくだけでなく、このスキルは、友人関係やパートナーシップ、そしてお子さんがいらっしゃる方には、お子さんとの関係にもポジティブな変化をもたらすようになります。

　ただ、**本書に書いてある通りにやることが大切なのではありません**。あくまで参考としてご覧いただきつつ、皆さんの感性で自由にやっていただいて構いませんし、**困ったときに見ていただく「ドラえもんのポケットのような存在」**だと思ってもらえると嬉しいです。

　チベット仏教の最高指導者であるダライ・ラマ14世は「ルールに精通せよ。そうすれば効果的に破れるようになる」ともおっしゃっています。

　強制力は全くありません。本トリセツに縛られることなく、「こどもかいぎ」を楽しんでいただければと願っております。

　ぜひ一緒に、子どもたちの心の顔を覗いてみませんか？
　め〜ちゃくちゃ楽しいですよ！

　さあ！「こどもかいぎ」の世界へようこそ！！

もくじ

監修の言葉　成川宏子

はじめに　豪田トモ

第1章 「こどもかいぎ」って
何ですか？

1　こどもかいぎ　基本の「き」… 002
2　「話したいことを言えて気持ちがスッキリした」子どもたちの声… 005
3　「大人になって急にやれと言われてもできない」保護者の声… 007
4　こどもかいぎの5つの定義（のようなもの）… 008
5　こどもかいぎで大切な3つのこと… 009
6　こどもかいぎの基本枠組！　いつ・どこで・誰とやるの？… 011
コラム1 平和なタイマン？「ピーステーブル」のススメ… 018

第2章 みんなはどんな「対話の場」を
作っているの〜？
事例紹介しちゃいます！

事例①　「人の話を聞きなさ〜い！」からの脱却… 022
（まつがさきの森幼稚園）
事例②　本音で話し合う対話の場が思いやりと幸せを育む… 024
（いづみ幼稚園）
事例③　1歳児でも2歳児でも自分の気持ちに向き合える… 026
（おうち保育園門前仲町）
事例④　時には実際にお店まで！“対話”が行動する力も育む… 027
（おしお幼稚園）
事例⑤　新「こぶたかいぎ」でオリジナル創作劇を発表！… 028
（おにやなぎ保育園）
事例⑥　見せるための保育から子ども中心の保育へ… 029
（みなみ保育園）

事例⑦ みんなを思いやりながら自分たちの未来をつくる… 030
（みんなのみらいをつくる保育園東雲）

事例⑧ 子どもの想いを理解すること
子どもの全てを肯定すること… 031
（伊勢ケ浜保育園）

事例⑨ 問いを立て、皆で話し合う姿が日常に… 032
（順正寺こども園）

事例⑩ 人の話って面白い！　僕の話、聞いて！… 033
（風のうた保育園）

コラム2 「こどもかいぎ」のための時間がない、
人がいない…というときの工夫… 034

第3章 なぜ「対話」なのか？ 効果がスゴいんです！

1 なぜ対話の場が必要？
子どもたちが抱える問題があまりにも深刻だから… 038

2 なぜ対話の場が必要？　対話によって子どもたちを救う
可能性が高まるから… 040

こどもかいぎの効果①
子どもたちの個々の能力が爆上がりする！… 042

こどもかいぎの効果②
子どもたちに心理的に安全な場が作られる！… 045

こどもかいぎの効果③
子どもを取り巻く様々な問題を改善する！… 048

コラム3 「こどもかいぎ」を諦めないで‼… 054

3 なぜ対話の場が必要？
対話は未来を作るために大切なことだから… 056

第4章 「こどもかいぎ」の実践方法
（ファシリテーション）

1 こどもかいぎの場を作るのは「おとな」 … 064
2 「ちょっとしたコツ」を知っておく大切さ … 065
3 子どもの心は聞いてみないと分からない
　 ファシリテーターの声 … 067
4 こどもかいぎで大人もパワーアップ！ … 070
5 ファシリテーターの7つの役割 … 072
6 まず、こどもかいぎをする「目的」を明確に … 075
7 ファシリテーターの「場作り」で大切な5つのコツ
　 S・M・I・L・E(スマイル) … 077
8 話の「聴き方」3つのポイント … 079
9 質問の仕方 パス出しテクニック … 084
10 子どもから言葉があふれる「3D」とは？ … 087
11 こどもかいぎを子どもたちに説明する方法 … 089
12 始め方の10ステップ … 093
13 終わり方の5ステップ … 094
コラム 4 対話が苦手な僕が映画『こどもかいぎ』を作ったワケ … 096
14 振り返りでアップデート！ … 098
15 一人で抱え込まないで！ … 100
16 「会話」と「対話」の違い、認識していますか？ … 101

第5章 話し合うトピック

1 こどもかいぎのトピックには5種類ある！ … 104
2 対話における「トピ種」の違いを知っておくこと … 112
3 子どもが「かいぎ」を楽しめるようになる
　 ホップステップジャンプ！ … 113
4 季節のようにゆっくりと変わっていく子どもたちの
　 姿をお楽しみください … 116

第6章 「こどもかいぎ」
運営のご注意点

1 こどもかいぎの「罠」にご注意… 118
2 ファシリテーターの7つのNG対応にご注意… 119
3 子どもだけの「かいぎ」にはちょっぴりだけご注意… 123

第7章 子どもたちとの
対話例と解説

1 「言葉で言えば良いのに何で鉄砲とか使うの？」… 126
2 「鼻をほじるのは……○○だから!?」… 129
3 「雲の上の赤ちゃんがいたずらして
ジョウロで雨降らせてるんじゃない？」… 131
コラム 5 「おとなかいぎ」のススメ… 133

第8章 「こんな時どうする？」
ハプニングを楽しむ方法

1 うまくいかなくたって大丈夫！… 136
2 こどもかいぎのあるあるハプニング集… 138
3 こどもかいぎQ&A… 148
4 おしまいに こどもかいぎで起きた奇跡的なエピソード… 152

おわりに… 158
映画『こどもかいぎ』の紹介… 160
こどもかいぎのトリセツまとめ集… 162
こどもかいぎのトリセツ制作に関わった人たち… 166
参考文献・参考サイト… 167
著者・監修者紹介

＊ 「子ども」の表記に関しては、他に「子供」「こども」などありますが、本書では現在最も
一般的な表記だと思われる「子ども」に統一させていただいています。「こどもかいぎ」は
固有名称または映画のタイトルとしてひらがなで表記します。

第1章

「こどもかいぎ」って何ですか？

子どもと関わっていて
最も感動した経験は何ですか？

1 こどもかいぎ 基本の「き」

　まず、「こどもかいぎ」とは、どのようなことをするのか、基礎的な部分を説明しますね。一言で書くと、

　　「こどもかいぎ」とは、「子どもたちが輪になって、様々なトピックを自由に話し合う」

ことです。例えば、「どうして雨って降るのかな？」、「どうしてケンカするの？」、「家族ってどんな人たち？」、「死んじゃったらどうなるの？」なーんてことについて、子どもたちが「対話」していきます。

　「『こどもかいぎ』？なんだそれ。子どもに会議なんてできるわけないじゃないか！子どもってのは、じっとしてられないし、下ネタばっかり言ってゲラゲラ笑ってるだけで、思考も言語も発達していない！語り合うなんて無理無理！」と思われている方もいらっしゃるかもしれませんが、まぁちょっと話を聞いてください。

　例えば、「こどもかいぎ」はこんな感じで行われます。実際に映画で撮影した内容を文字に起こしたものをご紹介します。

結婚？子ども？育てるってどういうこと？

先　生：先生は、結婚をしていないし、子どももいないけど、みんなは結婚
　　　　して子どもが欲しいと思いますか？

ミチカ：子どもはかわいいから～、抱っこするのが特に好きだから～、生ま
　　　　れてほしいって感じ。早く産みたいなって思う。

先　生：なるほどねえ～！赤ちゃん欲しいんだ。

ジュン：一応、男の子と女の子が欲しい。「男と男」じゃ困るから。

先　生：弟がいるもんね。え、じゃあ、自分のおうちは困ってるの？

ジュン：そ！困ってる！

先　生：そうなんだ（笑）。レノちゃんは？

レ　ノ：結婚はしたくありません！キスもしたくありません！

アンリ：赤ちゃん、産むのはいいんじゃない？キスしなければいいじゃん。

レ　ノ：でも痛いんじゃん！産むとき痛いんじゃん！

アンリ：おっぱい飲ませる時、かじられそう。

レ　ノ：だよね～！？だから、嫌だよね～？？

ミチカ：赤ちゃんは歯がないから噛まないよ。

先　生：ソウタくんは結婚はしたいですか？

ソウタ：結婚したくねぇ。子どもは産みたいけど、女とキスするのがやだ。

先　生：恥ずかしい？

ソウタ：恥ずかしくないけど！女とキスするのがねぇ…お母さんがキスしそ
　　　　うになったら、走って逃げた。

先　生：そうか（笑）。じゃあさ、みんなには、お父さん、お母さん、おじい
　　　　ちゃん、おばあちゃんとかがいるけど、「育てられてる」って思う？

ミチカ：「早く寝なさい！」とか言われるけど、育ててもらってると思う。

ジュン：パパは僕のことを大切にしているけど、ママは分からない。

先　生：分からないんだ？

ジュン：ママは僕のことをいっちゅも怒ってるから…。

先　生：なるほどねー。子どもを育てるっていうのは大変なのかな～。

レ　ノ：大変だよ～。

ミチカ：先生も結婚したら分かると思う！

アンリ：赤ちゃん育てたら分かると思うよ！

いかがでしょうか？めちゃくちゃ面白くないですか？子どもたちは、ちゃーんと自分で考え、言葉を選び、発言できるんです‼知識や経験は少ないですし、「議論」とまで呼べるようなものではないかもしれませんが、**大人の引き出し方によっては、子どもたちなりの世界観で、習いたての言葉を交わし合える**んです。

　おそらく日常のなかで、「これ、できたよ」、「先生、見て見て」、「○○ちゃんがね！」など、子どもたちと「会話」をする機会はいっぱいあると思うんです。ただ、**現実的に、子どもの話をじっくりと聴いてあげる時間というのは持ちにくいですよ**ね。場を「あえて」作り、**何か特定のトピックについて深掘りして話すことで、自分の思考をふくらませたり、想像力をかき立てられたり、いろいろな成長につながる**経験ができるのかな、と映画の製作を通して気づきました。

　『こどもかいぎ』を応援してくださっている教育学者の汐見稔幸先生は著書『子どもの自尊感と家族』（金子書房）でこう書かれています。「言葉によるコミュニケーションの快感を体験していけば、その持っているよいものをうまく出して伸びていく可能性が大きくなるが、そうでないと逆もまた成り立つことになる。」
出典：汐見稔幸『子どもの自尊感と家族－親と子のゆっくりライフ』金子書房，pp.72-73，2009.

　これまで、数え切れないほどの大人たちから、子どもはまだ思考が発達していない、話せない、人の話を聴けない、話し合うなんて到底無理だと思われてきました。しかしこの映画で、じっくりと時間をかけて、いわば「実験」をしたことによって、そのような考え方は「もしかしたら正しくないかも？」と証明しています。

●名称について

　子どもの対話に関する活動には、「サークル・タイム」「ミーティング」「子ども哲学」「ピーステーブル」「ことばキャンプ」など様々あります（これらの活動に関わる方々にも映画『こどもかいぎ』を監修していただいております）。個人的にはどのような呼び方でもいいんじゃないかなと思っていますが、伝わりやすくするために、映画『こどもかいぎ』および、本書では「子どもたちが発言する場や対話の活動」の総称として、「こどもかいぎ」と統一して表記しています。

2 「話したいことを言えて気持ちがスッキリした」 子どもたちの声

　「こどもかいぎ」を体験した子どもたちはどのように思ったのでしょうか？映画のなかで「こどもかいぎ」を行っていた子どもたちを中心に、小学生のものも含めて感想をご紹介します。

「楽しかった！」
「自分の視野が広がった」
「何を聞かれるかワクワクした！」

「自分の話を聞いてもらえて自信が持てた」
「みんなの考えをたくさん聞けて楽しかった」
「人の意見をちゃんと聞く力がついたと思う」

「人によっていろいろ考えが違うことが勉強になった」
「自分の意見を言うのが苦手な私でも、安心して意見を言えた」
「学校だと相談とかしづらいから、保育園の時にできたのは嬉しかった」

「なんか、ずっと心に思ってたことを口に出せたから、気が楽になった」
「お友達の気持ちをちゃんと聞いて、分かり合うことが、いいなーと思った」
「大人がちゃんと聞いてくれることが、こんなに"快感"なんだと思わなかった」

「大人が子どもたちに真剣に場所を作ってくれようとしていることが分かって、嬉しかった」
「小学校だと、みんなで話すのは道徳とか、係決めとかしかないけど、楽しいから続けたい！」
「（少人数での「こどもかいぎ」を経験）いっぱい人がいすぎるのはちょっと苦手だから、この人数で、このくらいのうるささでしてくれるといい」

いかがでしょうか？子どもたちなりに手応えを感じているようですね。

　撮影をしていて思いましたが、**子どもたちは基本的に対話が好き**です。舞台となった保育園には平均して2〜3週間に一度、伺っていたのですが、「こどもかいぎ」はとっても人気がありました。事情により毎日行うことは難しく、また、一回に出られるのは6人前後だったため、参加は「狭き門」。そんななか、子どもたちはみんな、カメラを背負った僕の姿を見ると、「今日は『こどもかいぎ』があるんだ！」と分かって、駆け寄ってきます。

　なかには、「トモさ〜ん、アタシ、『こどもかいぎ』出たいなぁ〜"♡"」と、かわいらしく迫って来るおしゃまさんもいれば、砂場で作ったカレーをワイロのようにプレゼントしてくれる子もいました。今では最高の思い出です。

　本来、人間という生き物は、言葉によって共鳴し合いたい欲求があって、民主主義というのはもしかしたら、そんな人間の本能に沿った社会体制なのかもしれません。

映画『こどもかいぎ』より

3 「大人になって急にやれと言われてもできない」
保護者の声

　「こどもかいぎ」を体験した子を持つ保護者の皆さんも、お子さんたちの姿を頼もしく感じられていたようです。

　「自分の言いたいことだけを話して終わりではなく、<u>話の聞き方が上手</u>になりました。相づちを打ったり、リアクションをとったり、話している子をじっと見つめたり。それは、自分の話も聞いてもらうという体験があってこそ。」

　「相手の考えも聞くことを学び、自分の意見も自由に発言することができる場は<u>『こどもかいぎ』のような機会がないとなかなか体験できません</u>。」

　「大人になったら仕事とかいろいろな場で対話は必要だけれど、急にやれと言われてもできないので、<u>今のうちから経験していくのは、とても大きい</u>と思いました。」

　「話すのが苦手な子、自分をなかなか出すことができない子、あまのじゃくなことを言ってしまう子にも、<u>小さい時から発言する機会があれば、自分を好きになれたり、理解してくれる仲間ができたり、考え方が変わったりする</u>のではないか。」

INFO

その他、「こどもかいぎ」に参加したお子さんや保護者の方の声は以下のページをご参考ください。
▼「こどもかいぎ」を体験した人たちの声
https://www.umareru.jp/kodomokaigi/experience/

4 こどもかいぎの5つの定義（のようなもの）

　さて、この「こどもかいぎ」、何となくの「定義のようなもの」があります。本来、そんな堅苦しいものは用意したくないのですが、「『こどもかいぎ』って何ですか？」と聞かれることが多いので、一応、以下のような説明をしています。

> **1** 様々な内容について話し合う
> **2** 自由になんでも発言してよい
> **3** お友達の話していることを聴く
> **4** 「おとな」のファシリテーターが進行役
> **5** 答えはなくてよい

　いかがでしょうか？もちろん、これらは「こんな方法がいいんじゃないかな？」という「オススメ」です。これから述べていく具体的なやり方も含め、**「必ずこうしなければならない」というルールではありません**。答えを出すことにこだわる「かいぎ」があっても、大人が入らずに子どもたちだけで分かち合う「かいぎ」があっても良いのではないかな、と思っています。

　ただ、**外せないのは、「こどもかいぎ」は一人ひとりの子どもが主役だ、という点**です。子どもたちが想いを発信し、自分たちで受け止める場。いわば、ひらひらと舞う"言葉"という蝶々を子どもたちが網で捕まえようとする空間にも似ています。

　「付添人」である大人から見ると不可思議に聴こえるような声に対しても、その子なりの価値観と多様性を尊重していくことで、子どもたちは「コミュニケーション遊び」を楽しめるようになっていきます。これがサイコーに楽しい！

5 こどもかいぎで 大切な3つのこと

「こどもかいぎ」で特に大切にしたいことは主に3つあります。

1 【聴く】
2 【発言する】
3 【尊重される】

1 【聴く】…参加した全員が、しっかり話を「聴く」

「こどもかいぎ」というと、どうしても話すことを重要視されていると思われがちですが、**人間同士のコミュニケーションにおいて、「まず相手の話を聴く」ことはすごく大事な作法**です。耳を傾けることから、様々なことをインプットしていきますし、「聴く」ことは「相手の存在を承認する」ことにもつながります。したがって、「こどもかいぎ」では、話すことと同じくらい、「聴く」ということに価値を置いています。

2 【発言する】…できる限り、参加者全員に 「発言する」機会を作る

誰か特定の子どもたちだけが話すのではなく、できる限り、その場に集っている全員に話す機会を作ることは、とても有益なことだと思っています。**発言の機会がないと、参加している子どもたちが退屈に思ってしまうだけでなく、成長のきっかけを失ってしまうシナリオも**ありえます。無理に話させる必要はありませんが、質問を投げかけたり、声をかけたり、発言を促すことは「存在の承認」にも関わります。

▶ **3** 【尊重される】…話さない子の存在も「尊重」される

もしかしたら、これが一番重要かもしれません。これを省いてしまうと、「上手に話せる子が良い子」ともなりかねないからです。それは本意ではないですよね。

まだ言葉を学び始めたばかりの子どもたちです。うまく言葉にできなかったり、たまたま話す気分になれなかったりもするでしょうし、性格的に話すのが得意ではない子もいますよね。そういった<u>子どもたちの様々な背景を尊重して、大人の都合で無理に話させないことが、心理的に安全な環境を作り、「そのままでいいんだよ」という「承認のようなもの」を与える</u>ことにも密接に関係します。

つまりは、<u>発言と対話の機会を作るというのは、「場作り」でもある</u>のです。
皆さん、どのように思われるでしょうか？

その他、「こどもかいぎ」では以下のような点も大切にしたいと考えています。

- 相手の世界観を自分ごととして「感じる」
- 幅広い意見や言葉、質問が「活発」に生じる場にする
- 参加者の「成長」、「新しい魅力」を引き出す
- 今までになかった「理解」や「新しい視点」を生み出す
- 話し合ったことを日常生活に「活かす」
- 子どもの発達は一人ひとり違うという「多様性を認識」する
- 子どももファシリテーターも、「楽しく」過ごす

6 こどもかいぎの基本枠組！
いつ・どこで・誰とやるの？

では、発言と対話の場はどのような要素によって作られるのでしょうか。
次は「こどもかいぎ」を形成する、基盤となる枠組をご紹介します。

---

1. **参加者**：誰でもウェルカムです！
2. **年齢**：おすすめは4歳頃からのスタート
3. **人数**：推奨人数は5〜6人だけど、クラス全員でもOK！
4. **場所**：円座できるスペースがあればどこでも
5. **時間帯**：都合に合わせていつでも
6. **長さ**：最初は数分からスタートし、20分から30分程度を推奨します

※これらは便宜上、説明していますが、「こどもかいぎ」にトライする人がそれぞれに変えていって全く構いません。あくまで「参考」としてください。

---

1 参加者：誰でもウェルカムです！

「集中力がもたなそうだし、ディスカッションなんて子どもにはとても無理なんじゃないか？大人ですら難しいんだから」と疑問を持たれる方もいると思います。確かにそういう側面はあります。子どもはじっとしていることが苦手ですし、実際、撮影していて、「かいぎ」中にウロチョロしちゃうお子さんがいたことも確かです。

でも、「『こどもかいぎ』って、すげー楽しい！」というお子さんは圧倒的に多かったですし、映画のなかでは、ずっと発言できなかった子が話せるようになった例も出てきます。ファシリテーターになる大人がどのような空間を作るかにもよりますが、子どもたちが「かいぎ」をすることは間違いなく可能です！

絵を描くのが好きじゃない、運動が苦手……、という子もいると思いますが、逆に好きな子も得意な子もいるし、大切なこととして皆さんは機会を提供されていると思うんです。**苦手なお子さんがいるからといって、すべてのお子さんから自由に語り合う機会を奪ってしまうのは、モッタイナイ！**と思いませんか？子どもたちに発言と対話の場を作ることも、同じように捉えていただけたら、と願っています！

〈注意点〉

・**参加したくない子は無理に参加させなくても良いし、「面白くない」と言う子は途中で抜けてもOKだし、苦手だと感じた子は次から参加しなくても構わないと思います。**

・ただし、語り合うスペースには、参加者以外の子たちがいないほうが、気が散らない傾向があります。

・女児の方が発言が多い傾向はありますが、性別比率は気にする必要はないです。

●参加しないのはOK！
ただし機会損失の可能性も……

　「こどもかいぎ」は強制参加ではなく、出たくない子の気持ちも手放さないようにしてあげたいもの。しかし、話し合いに参加しないことで、「大切な対話の機会を失ってしまうことにもなりうる」という点は、あえて示しておきたいと思います。

　「対話の効果」については第3章に詳しく書かせていただきますが（38ページ以降参照）、**自分の考えを言葉にし、お友達の意見を聴くことによって、話す力、聴く力だけでなく、思考力、表現力、発想力など、非常にバラエティに富んだ力が育っていきます。**「何を話しても受け入れてもらえる」という安心感は、**心理的安全性を提供し、自己肯定感の高まり**にもつながります。

　映画の舞台となった園では、大多数の子が「かいぎ」への参加を希望したものの、最後まで興味を示さなかった子もいましたし、前は出たかったけれど今日は出たくなかったり、前は出ないと言ったけどお友達の様子を見て出てみたくなったり……、**子どもの気持ちは、色とりどりの絵の具を混ぜるようにいつもグルグルと変わっていきますよね。**心掛けたいことは、「**大人が勝手に判断しないこと**」ではないでしょうか。ぜひ、**子どもたちの「今日の声」を聴いてみて**ください。

2 年齢：おすすめは4歳頃からのスタート

- 推奨は4歳以上。
- 言葉を話せるようになる2〜3歳のお子さんでも、時間や内容、進め方の工夫によっては可能です。
- 年少〜年長の未就学児（4〜6歳）、小学生、そして中高生と、子どもの成長によって、運営方法は若干異なる可能性があります。

　4歳頃からのスタートを推奨する理由に、科学的な根拠はありません！（どなたかご存じであれば教えてください〜！）子どもの対話活動である「ミーティング」を長らくされている方々が「4歳くらいから始めるのがちょうど良い」とおっしゃっていたことを尊重して、このように書かせていただいています。このくらいの年齢は、**言語能力が発達し、社会意識が芽生え、相手の感情を表情から読み取ることも可能**になってくるともいわれますが、一方で、多くの常識的概念がまだ形成されておらず、**柔軟で自由な発言ができる時期**だからのようです。

「言葉が固まっていない時期」だけに、「こねればこねるほど成長につながる余地がある」というのは、説得力があると思いました。そういう意味では、年齢で区切るよりも「成長と発達の程度に応じて」というほうが近いかもしれませんね。実際に撮影でも、3歳くらいで「かいぎ」に参加できる子はいましたし、あくまで個人的な感想ですが、**4歳くらいの子は発言が「異次元」でめちゃめちゃ面白かった**です！

また、脳の成長に目を向けると、新生児から6歳頃までに、脳の重さは3倍以上にも大きくなるものの、6歳以降、大人になるまでの重さの変化は1割程度しかないそうです。つまり、「脳の約9割は6歳までに作られる」ともいえそうな貴重な時期に、**「対話」という、マグマ級の刺激を受けて、情報を脳で処理しながら言葉を発する経験を繰り返すことは、脳を活性化させ、子どもの成長にもプラス面が大きい**のではないでしょうか。

3 ▶ 人数：推奨人数は5〜6人

- 少ない場合で3〜4人。
- 内容によってはクラス全員でも可能です。
- 「話しやすさ」と「均等な発言機会」を考え、5〜6人での開催を推奨します。

人数については、正直言って、何人で行ってもいいと思います。実際に、運営側の人員手配の関係から、<u>クラス全員で話し合っているところもたくさん</u>あります。ただ、人数が多すぎると、現実的に発言する機会がどうしても少なくなり、聴いていない子、集中が続かない子が増えやすくなってしまうのかなぁとは思っています。

少人数ですと、参加している全員が真剣に取り組みやすく、発言する機会が十分に得られたり、1つのトピックで深く意見交換し合えるメリットがあります。一方で、クラスの全員が参加できない、決め事の場合は参加しなかった子どもが出てきてしまう可能性がある、などのデメリットもありそうですね。

4 ▶ 場所：円座できるスペースがあればどこでも

- 参加者が円になって座れるスペース、お互いの声がしっかり聴こえる室内が前提となります。
- ただ、気候の良い日などには、公園などの屋外でやっても良いかもしれません。特に、天気や自然環境、自分たちが住んでいる街のことなどを議題にする場合、アウトドアはより適した場所になりえますよね。
- 子どもたちはファシリテーターに目を向けることが多いので、その背後に人が通るような位置取りをすると、そちらに目を奪われてしまう場合があります。
- 「かいぎ」前にケンカが起きていたときなど、それについて話し合いたい子がいる場合、その子の隣に座ると、対話しやすくなるようです。

●椅子での着席をプッシュする理由

　「こどもかいぎ」で用意するものは特にはありませんが、強いて言うなら、「椅子」でしょうか。地べたでやるのも良いのですが、椅子に座ってひと続きの輪を作ると、目と目を合わせて話がしやすくなります。お互いのつながりや心地良さをもたらし、集中力が上がって「離脱率」が減るだけでなく、「かいぎ」を運営するファシリテーターにとっても、子どもが出す小さなサインに気付きやすくなります。

　映画『こどもかいぎ』の撮影では、最初は床に座っていましたが、寝転がったり、立ち上がってウロウロしたり、話し合いを継続することが難しい場面が多発しました。そこで、途中から椅子に座るルールにしたところ、歩き回る子が激減して、より良い状態で「かいぎ」ができることが増えました。シンプルだけど、鍋に入れる柚子胡椒のような効果がありましたよ 😊（うどんにもオススメ！）。

5 時間帯：都合に合わせていつでも

　ここで、子どもへの対話活動を既に行っている先生方へのアンケートをご紹介します（「未就学児の対話活動に関するアンケート」実施時期：2023年1月中旬〜2月中旬、有効解答数：122人、株式会社インディゴ・フィルムズ調べ）。こちらは「時間帯」に対する回答ですが、朝や夕方の終わりの会に行うところは多いようですね。

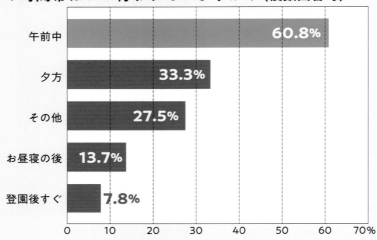

▼時間帯はいつ行われていますか？（複数回答可）

- 午前中　60.8%
- 夕方　33.3%
- その他　27.5%
- お昼寝の後　13.7%
- 登園後すぐ　7.8%

　「頻度」についてアンケートを取ったところ、**「毎日」が約半分、「週の半分以上」は60％を超えていましたので、ルーティン化すると、かえってやりやすいのかも**しれません。ちなみに、不定期開催が約20％で、週に1〜2回、2週間に1回程度が、それぞれ10％くらいでした。

6 長さ：最初は数分からスタートし、　　20分から30分程度を推奨します

　科学的な話ではないですし、お子さんによると思いますが、子どもが集中できる時間は「年齢プラス1分」と言う方もいるそうで、そう考えると5分くらいが現実的な時間ということになりますでしょうか。実際、最初のうちは慣れずに集中力が保てないケースもありますので、まずは数分の短い時間で始めてみてはいかがでしょうか？

　慣れてきたら少しずつ増やしていき、話し合うことが楽しくなってくると、20分から30分、場合によっては45分ほどの「こどもかいぎ」も可能になっていきます（ただし、「長くできるから価値がある」と言いたいわけではありません）。

　あくまで個人的な印象ですが、**20分から30分程度できると、バッチグーな「かいぎ」**になっていたように見えました。**参加者の多くから発言を促せて、深掘りできる可能性が高まる**からです。

　「こどもかいぎ」にも波があります。**最初からビッグ・ウェーブは来ませんが、話しているうちに良いうねりが作られて、言葉の波に上手に乗り始めることはよくありました。**ただ、時間が短いと、対話を深める前に終わってしまったり、うまく発言できず、「つまらなかった」という思いを残してしまう子がいる印象でした。

　また、一部のお子さんの意識が散漫になってしまっているものの、「もっとやりたい！」と言うお子さんがいたり、もう少し続けることで議論を深めたい場合は、途中で休憩やアイスブレイクを挟むと、良い感じのリフレッシュができて、継続できる見通しが高まります。ただし、子どもが話したい気分ではないのに、大人があの手この手で話させるようなことにはならないように、がんばルンバしていきましょう♪

平和なタイマン？
「ピーステーブル」のススメ

　映画のなかにも出てきますが、ケンカになったときや2人っきりでディスカッションしたいとき、**子どもが一対一で向き合って話し合う「ピーステーブル」**という手法も一押しです。

　子どもたち同士のもめごとを、その場で無理に解決するのではなく、場所を変えて向かい合わせで座り、お互いの気持ちや考えを伝え合うのです。

　「ピーステーブル中」は、大人は意図的に口出ししません。少し離れた位置から子どもたちの様子を見守ります。話し合いによってケンカが収まることもあれば、そうでないこともありますが、**目的は「結果」を出すことではなく、「経過」にあり**ます。

　映画の舞台になった園のクラッキー園長は言います。「解決することが目的じゃないっていうのは、保育のいろんな場面で考えられることで、ピーステーブルもその一つです。僕らが大事にしたいのは「心の育ち」で、「ごめんね」とか「いいよ」と言えることが解決かっていうと決してそうではなくて、本当に悪かったなっていう気持ちが育つとか、そのプロセスの経験が重要な役割を果たすと思うんです。」

　子どもたち同士でケンカが起きたときに、よくあるのが、大人が介入してケンカを収めさせたり、納得しているかどうかはともかく、お互いに謝らせること、ですよね。しかし、**「強制終了」した場合、子どもたちは、自分がなぜ怒っているのかを言語化して、相手に伝え、分かってもらう、そして相手がどういう気持ちだったのかを理解しようとする、というプロセスを体験できなくなってしまいます**。その場で収まることもあれば、そうじゃないこともあるけれど、一旦は、自分の思いの丈を言葉にして、相手に伝達する「経験」を積んでいこうよ、というのがピーステーブルの考え方です（早く止めないといけない緊急事態もありますが！）。

ある日の「ピーステーブル」では、こ〜んな話し合いが繰り広げられていました。

レンタロウ　「ケイスケくんがいつもいつも怒ってるからこうなっちゃうんだよ」
ケイスケ　　「レンタロウがどいつもこいつもなんだよ」
レンタロウ　「そっちがいつもいつもバカバカバカバカゆってうるさいんだよ」
ケイスケ　　「そっちがバカバカバカバカ、バカヤローって言ってるじゃん」
レンタロウ　「だってそっち〜がだよ〜」

　ま、正直、同じことばっかり言っていて、どうやって解決するんだろう？と思いながら撮影していましたが😆、ハッピー・エンドは急に訪れます。

ケイスケ　　「レンタロウくん、ごめんなさい」
レンタロウ　「こっちこそごめんなさい」

　そう言って、2人とも笑顔で解散！僕は呆気にとられました……。

映画『こどもかいぎ』より

　「ピーステーブル」の特徴は、話し合っているうちに落ち着いてくる子が多いこと。気持ちを言葉にすることで、どうやら感情が整理できるようです。 これが習慣になると面白いもので、子どもたちは何かあると「〇〇ちゃん、ピーステーブルで話そう！」と自ら分かち合いを提案することもありますし、経験を積んでくると、「〇〇ちゃんは〇〇って気持ちだったんだよね？」「〇〇くんは、これが悲

しかったんだね」など、弁護士並みに代弁してくれる子が現れたり、面白い展開が盛りだくさんになってきます。

映画を見て、さっそく園でピーステーブルを導入された方からこんなコメントもいただいています。

「ピーステーブルに似た場を設定して、子ども同士の話し合いの場を設けたら、子ども同士でトラブル解消をすることができました。予想以上で職員も驚いています。」

「今までは、『もういい！』と言い放ってすねてしまったり、とりあえず『ごめんね』と言う、という姿が気になっていたのですが、何が嫌で、どんな気持ちだったのかを伝え合うことをしていくと、保育士が促さなくても『ぶつ真似してごめんね』『私も言い方こわかったかも。ごめんね』と伝え合う姿が見られるようになりました。」

ピーステーブルのポイントの一つが、「場所を変える」ということ。なぜなら、移動している間に、イライラがおさまってくることが多いからなんですね。撮影の舞台となった園では、特定の場所を「ピーステーブルの空間」にしていて、語り合う必要が出てきたときは、そこまで移動してもらっていました。

映画を見た弁護士さんが「裁判所にもピーステーブルが必要だ！」って言っていましたが、国会にも、もしかしたら家庭内にも必要かもしれませんね〜（!!）。

未就学児とケンカは、刺身と醤油くらい、切っても切れない関係ですが😊、このプロセスをしっかり体得してもらうことに、深い学びが潜んでいるのかも！？

INFO

ピーステーブルについては、見てみないとよく分からないと思いますので、もしよろしければ、こちらから映像をご覧になってみてください。
▼【世界に通じるケンカの収め方】ピーステーブルのススメ
https://youtu.be/9lDoJ5XwSkI

第2章

みんなはどんな「対話の場」を作っているの〜？
事例紹介しちゃいます！

全国の様々な園で行われている
対話活動の事例をご紹介します。
皆さんが発言と対話の場を作る上で、
一つでも参考になれば、と願っています。

あなたが子どもに関わる仕事を
選んだ理由は何ですか？

事例① 「人の話を聞きなさ〜い！」からの脱却

まつがさきの森幼稚園（千葉県柏市）

■年齢
3歳児・4歳児・5歳児

■時間帯
不定期（必要に応じて実施）・午前中

■人数
クラス全員
同学年15人程度のグループでの対話も

■長さ
10〜20分
イベント系だと30〜40分程度のこともあり

■トピック
　乳児期には簡単な選択肢や、「なぜこうなのかな？」という問いかけをすることが多く、3〜5歳児には徐々にレベルを上げ取り組んでいます。自然の多い園庭があるので、「自然物との関わりについて」「虫や季節の移り変わりについて」のトピックも多いです。

きっかけ
　「子どもたちの考えや気持ちを知りたい」と思ったことがきっかけです。特に、今年度からは園の方針で「子どもたちの20年後を見据えた保育」を打ち出しています。20年後の社会はさらにグローバル化が進み、外国の方との交流や仕事をする場面が増えることが予想されます。しかし、日本人は謙虚さ故に意見が言えないことが多いのが現状です。才能が埋もれないためにも「自己主張をする力」が求められると考え、それぞれが発言する機会を作っていきたいと思っています。

子どもの変化
　行事の内容などいろいろな物事を決めるときに、物静かな子は周りの子どもたちや職員の意見に流されていることが多くありましたが、徐々に自分なりの意見を言うことができるようになってきました。自分の意見を周りがしっかり聞いてくれることで、少しずつ自信がついているように感じます。
　みんなが意見を言いながら、少数派の意見も取り入れていく経験を積み重ねていくことで、行事や普段の生活でも主体的な活動が増えてきました。

エピソード

5歳児、約20名で行った対話の時間。その日は園庭にうっすらと雪が積もり、少しの時間だけ雪に触れられた後の集まりでした。

「雪ってなぁに？」保育者が唐突に質問した瞬間に、「え？ゆきってあめがかたまったやつでしょ？」「くもがあつまってあめになってゆきになるんだよ！」「こおり？」「ふわふわだったよ！」と、いろいろな意見が。

「雪ってどんな形？」と聞いてみると、「ゆきのけっしょう！」「ほしみたいなやつ！」と、雪の結晶にたどり着いたので「雪の結晶ってみたことある？」と聞きながら科学絵本を出すと、どうやらとっても小さいことがわかりました。

「どうやったら、雪の結晶が見られるのかな？」と聞いてみると、「けんびきょうがひつよう！」と驚くような言葉が！感心しつつも、園には顕微鏡はなかったので「よく知ってるね！顕微鏡はないんだけど、虫眼鏡ならあるよ！」と言って虫眼鏡を用意すると、みんなで、じっくりと観察していました。本の中の写真のように見ることはできませんでしたが、それから雪以外のものを虫眼鏡で観察することも増えていきました。子どもたちには科学のはじまりの一歩のような感覚があったようです。

テーマは「雪ってなぁに？」でしたが、いろいろなところに派生し、新しい興味を見つけられたこと、語彙の多さに驚かされました。

学び

それぞれの子どもたちが、しっかりと意見を持っていると感じる場面が多いです。「こんなこと知っているの？」「そこまで考えていたの！？」と驚かされることが多く、「こどもかいぎ」を通じて、子どもは大人と対等な関係なのだと改めて気付かされました。

最初の頃は、「今日は何か楽しいことあった？」など、子どもたち全員に話を聞き、全員が終わるまで同じやりとりの繰り返しでした。子どもたちも自分の番が終わると飽きてしまい、他の子の話を聞けずに集中できない雰囲気になっていました。職員も「人の話を聞きなさい！」と注意の声かけが増え、お互いにとって苦痛な時間になることが多くありました。

しかし、「こどもかいぎ」を続けて保育者たちもファシリテーションを学んでいくうちに、発言している子どもと保育者の一対一での話になってしまっていたことに気付きました。周りの子どもたちを全く巻き込めていなかったのです。一人の子の意見を全体に広げるような声かけをすることで、保育者側のファシリテーション能力が上がり、子どもたちの発言も活発化していったように感じます。

話を聞くこととは？

「真摯な共感の響き合い」

子どもたちの言葉を真摯に受け止めることで、子どもたちの内面に寄り添うことができ、大人も子どもも共感の体験を深めながら信頼関係を構築し、子どもたちが、安心して自分自身を表現できるようになっていきます。

事例② 本音で話し合う対話の場が思いやりと幸せを育む

いづみ幼稚園（山梨県甲府市）

■年齢
4歳児・5歳児

■時間帯
週3回・午前中

■人数
6人〜クラス全員
少人数での「こどもかいぎ」にも挑戦中！

■長さ
15分〜20分

■トピック
最近では、こんなことを話そうよ！と子どもたちからトピックをあげてくれるように。

きっかけ

これからの時代に必要な教育を考えたときに、自分らしさを発揮しながら、答えのない問いに対して考えて対話する経験が、子どもたちの幸福な人生に大きく貢献すると確信し、「自分で考え行動する子ども」を教育目標にしています。

以前から、幼児の哲学対話に関心を持っていましたが、日常の会話だけでなく、保育活動として対話を取り入れたいと思い、映画『こどもかいぎ』を見たときに、これだ！と導入を決定しました。

子どもの変化

子どもたちが自分たちで考えて決定する機会が増えました。自分の思いを言葉で伝える力がついたことで、ポジティブで前向きな自己主張のぶつかり合いが起きるようになりました。自分たちだけで解決できることも増え、合意形成が上手に。友だちの意見を聞こうとするようになり、自分と違う考えに関心を持ち、気付きや発見を楽しむ様子があります。いろいろな考えがあるということに気付き、集団活動中に「そういう考えもあるよね」「その考えもいいね」という言葉をよく耳にするようになりました。

「こどもかいぎ」が日常となっている子どもたちは、全身から発光して、きらきら輝いています！

エピソード

クラスにすぐに泣いてしまう子がいました。ある日、その子がお休みのときに、「こどもかいぎ」でみんなに「その子は泣いてしまうことが多いけど、どう思っている？」と聞いてみました。最初は「かわいそう」「優しくしてあげたい」などの意見が出ましたが、「本当はうるさいって思う」「泣かないでほしい」と徐々に本音が出てきました。

「なんで泣いてると思う？」と聞くと「悲しいんだよ」「イライラしてるんだよ」と言うので、「イライラしないためにはどうしたらいいと思う？」と投げかけると、「空を見るといいんだよ」「ふわふわした柔らかいものを触ると落ち着くよ」「ぎゅーっとするといいんだよ」と子どもなりに意見が出て、「じゃあ今度泣いているときにそうしてみよう」と、みんなで心地よく過ごすためにどうしたらいいか、という気付きになりました。

その後は、泣いてしまう子に対し、程よい距離感で見守ったり、「そういうときもあるよね」と共感する言葉をかけたり、「お空を見るといいよ」とアドバイスを伝える姿が増え、泣いている姿を認める様子へと変化しました。誰も考えを否定しない中で、本音で語りあえたのは、「こどもかいぎ」を重ねてきた過程によるものだと思います。クラスにとっても、その子にとっても大切で素敵な時間になりました。

学び

幼児期に"自分は愛されている大切な存在"だと、たっぷり感じてほしいと願っていますが、それは、大人が子どもたちの話を聴くこと、心の声を聴くこと、まるごと受け入れることなのではないか、と「こどもかいぎ」を通して学びました。

子どもたちが、感じたこと考えたことを自分の言葉で話し、お互いを尊重し、共に何かを創り出す、ということを教師も楽しんでいます。

はじめの頃は何をテーマに話そうか悩んでいたこともありましたが、今は、話したいことが子どもたちの中から日常的に出てきたり、どんな「かいぎ」になるかなと教師がワクワクしています。

今までは教師が決めていたことも、子どもたち自身で決められるんだという発想になり、子ども主体の活動が増えました。

子どもたちの中にある思いや考えは想像以上にたくさんあり、大人が期待していた答えと違ってもいいんだ、子ども目線の発見や気付きを尊重したい！と思えるようになりました。

話を聞くこととは？

「心をひらくこと」
「一人ひとりの「自分らしさ」を認めること」

子ども一人ひとりの想いや好きなことなどを知ることで、もっと子どもたちのことを知りたくなり、教師と子どもの絆を深めることができる。存在の承認であり、子どもの居場所を作ることであり、保育、子育ての原点。

1歳児でも2歳児でも
自分の気持ちに向き合える

おうち保育園門前仲町 （東京都江東区）

きっかけ　2歳児までの園なので、「うれしい」「たのしい」「かなしい」「おこっている」などの感情カードから自分の気持ちを選んでもらい、なぜこの気持ちを選んだのかを発表し合っています。一人の人として子どもを尊重する"シチズンシップ保育"の考えの中で、子どもたちが感情を表現する力を伸ばしたい、自己肯定感を高めたいという思いから始めました。

子どもの変化　はじめのうちは、他の子の真似をする子も多かったのですが、自分で考えて、その日の気持ちを選べるようになり、理由も話せるようになってきました。言葉で表現をすることに自信が出てきたようで、みんなに聞いてほしいという気持ちが出てきています。また、周りの友達の気持ちに興味を持つようになり、友達がどの感情を選んだのかを見て、「○○ちゃん、"楽しい"だね！」と友達に声をかけたりしている姿も見られます。

トラブルが起きても、自分の気持ちを言葉で伝えたり、相手の気持ちを聞いたりしてみようとする様子が増えました。

学び　大人でも、自分の感情に向き合うことは難しいと思います。子どもたちの中には、最初の頃は人前に出ることや注目されることを恥ずかしがる子もいましたが、自分の話や気持ちを皆が聞いてくれることで自信をもって選んだり、感情を選ぶのに真剣に悩んだりという姿も見ることができ、小さい子なりにも自分の気持ちを考え、向き合うことができるのだと学びました。

話を聞くこととは？

みんなが耳を傾けて話を聞いてくれることで子どもは自信が付き、自己肯定感が高くなっていき、自己表現もより豊かになっていくと感じます。

事例④ 時には実際にお店まで！ "対話"が行動する力も育む

おしお幼稚園（大阪府河内長野市）

エピソード

デイキャンプで「カレー作り」にチャレンジすることになり、ひとりの女の子が「カレーのルウをつくりたい！」と提案。スパイスの存在に気付いた子がいて「どのスパイスを使えばいいのかな？」と疑問があがりました。

ある日、男の子が「カレー屋さんで隠し味を教えてもらった」とみんなに話をした際に、「じゃあ、スパイスのことも聞いたらいいんじゃない？」という話に広がり、実際に後日、みんなでお店に行くことに！実際にスパイスを見せてくれて、においや味を確認させてくれました。

デイキャンプでは、自分たちでスパイスを持ち寄り、オリジナルのスパイスカレーを作りました。みんなで話し合いを重ねて作ったオリジナルのカレーの味は最高においしくて、とってもうれしそうでした！

子どもの変化

やりたいことを訴えるだけでなく、実現するためにどうすればいいか、考えて、相談し、行動する力が身に付いています。時間を確保して仲間を集め、話し合い、時に施設のアポイントまで、完全に子ども主体の活動を行えるまでに成長しました。また、間違いを気にしない子が増えました。逆に、自分の意見を突き通しがちだった子も、友達の意見に耳を傾け、意見を言いにくい子に発言を促す姿が見られるようになりました。幼稚園が、子どもたちにとって、安心して何でも言える場所となり、自己肯定感を高めることにもつながればと願っています。

学び

脱線の中にこそ、子どもたちの興味・関心や価値観が隠れていると気付きました。話し合い活動を通して、一人ひとりの個性がより明確になるし、子ども個人への理解が深まるのを感じます。

話を聞くこととは？

「『引き出す（聴く）』というより『寄り添う（共感する）』こと」

新「こぶたかいぎ」で
オリジナル創作劇を発表！

おにやなぎ保育園（岩手県北上市）

きっかけ　子どもたちが安心して話をできる場をつくり、子どもたちの自由な発想から保育を広げたいと思い、始めました。対話活動は普段から行っていましたが、「3匹のこぶた」の発表会が近づき、子どもたちの普段の姿や自由な発想を行事につなげたいと考え、「3匹のこぶた」の劇にちなんで、新たに「こぶたかいぎ」を始めました。

子どもの変化　自分の気持ちを言葉で伝えることができるようになりました。また、周りの人の話を聞けるようになり、友達の意見を聞き入れることができるようになってきています。消極的だった子も、聞いてもらえるという安心感からか、自分の話をよくするようになっています。

エピソード　発表会で「3匹のこぶた」の劇をするにあたり、「意地悪なオオカミはやりたくない」と話す子がいたことから、日々話し合いを重ね、「優しいオオカミにしよう！」ということに。さらに、「ワラってなに？」「お菓子の家の方が楽しいじゃん！」など、自由な話し合いの結果、オリジナルの創作劇が出来上がりました。とても盛り上がり、オオカミ役が一番人気となりました。

学び　子どもたちの声を聞くことで、それぞれの思いや興味、考えを知ることができ、そこから遊びにつなげたり、発展させるための方法を考えるようになりました。子どもたちの思いを聞きながら「一緒に」考える機会が増えました。また、子どもたちの小さなつぶやきにも、より耳を傾けるようになりました。

話を聞くこととは？

「子どもたちとの心の距離が近くなるツール」

事例6 見せるための保育から子ども中心の保育へ

みなみ保育園（沖縄県糸満市）

きっかけ　変化の激しい時代を生き抜いていかなければならない子どもたち。他者の指示通りに動ける人よりも、様々な経験を積み重ね、自分の思いや考えを他者に伝え、協力し合える人が今後は求められています。だからこそ、人格形成の基礎となる大事な時期に「子どもたちの声」を聴き、その思いや願いを叶えるサポートをすることの大切さに気付いたことをきっかけに子どもたちとの関わり方が大きく変化しました。

子どもの変化　子どもたちの表情が活き活きとし始めたことが一番の変化です。好きなことや得意なこと、興味のあることに挑戦する機会が増え、自信がつき、情緒の安定も図られたように感じます。人前で話すことが苦手な男児が、恥ずかしそうにしながらも、大きな声で自分の思いをみんなに発表した姿を見て、成長した喜びを感じました。

以前は、先生に許可を得てから行動する子どもたちの姿が気になっていましたが、今では自分の思いや気持ちを保育者に伝える姿が増え、楽しそうに園生活を送っている姿が見られます。

学び　一斉指導で育ち、一斉指導を学んだ保育者にとっては、子どもの「声を聴く」「思いを叶える」ことはとても難しく、はじめは苦戦していました。いろいろな保育施設を見学し、園内外の研修に参加して「主体性」を育む実践を学んだことで、関わり方が変化していきました。子どもだけではなく、大人も主体的に考えて行動することができるように、自己研鑽の日々を送っています。

話を聞くこととは？

「子どもを一人の対等な「人」として尊重すること」

みんなを思いやりながら 自分たちの未来をつくる

みんなのみらいをつくる保育園東雲（東京都江東区）

きっかけ　変化の激しい世界の中でも、周りのみんなを思いやりながら、自分たちの未来を自分たちでつくっていける"力"の土台を育みたいと考えています。話し合いのなかで、「対立は悪くない、意見は違って当たり前」ということを伝えたく、対話活動を始めました。

子どもの変化　顔を突き合わせて話し合うコミュニティは、人間の基礎であり、基盤です。対話の時間を持つことで、それぞれが違うことを知り、感情が伴う自分の考えを確認するということを自然と行うことができます。

卒園生でサークルタイムをしたところ、入園当初はあまり話さなかった子が喜んで話したり、話し合いの内容を提案したり、話の長かった子が折り合いをつけられるようになっていたり……と成長を感じました。

「やってみた・できた」だけでなく、「聞いた・その場にいた」も、十分"経験"であり、経験の継続が重要だと感じます。

学び　思い込みや、バイアス、常識が少ない子どもたちと話していると、大人の常識が、そうではないかもしれないと気付かされます。

話し合いのテーマを提案してくれたり、「（注意をするときなども）優しく伝えるといい」などと、担任が自分の行いや言動を反省するような、素晴らしい意見を言ってくれたりする園児も多く出てきました。

子どもは寛容で自由で主体的。それを奪いたくないと心から思います。"共感"のあるコミュニティの中で、自分の感情を大切にしながら、自分と周りの幸せを考えられる人であってほしいと願っています。

話を聞くこととは？

「子どもの当事者意識が高まること」

事例⑧ 子どもの想いを理解すること 子どもの全てを肯定すること

伊勢ケ浜保育園（宮崎県日向市）

きっかけ 子どもたちとの関わりの質を向上させたい。子どもたちとの関わりを、もっと楽しいものにしたい。子どもたちのコミュニケーション力を伸ばしたい。子どもたちの自己肯定感を高めたい。

子どもの変化 今までは、何かうまくいかないときには、保育者に助けを求めていたり、保育者が助けを出したりしていましたが、子どもたち同士で解決策を考えるようになりました。お互いを認め合う姿勢が強くなったと感じています。また、他者への意識が低いと感じていた子が、他の子の意見を汲み取って、表現を助けようとする姿勢があるなど、意外な発見も多く、いつも驚かされています。

エピソード 友達との関わりがあまり得意ではなかった男の子が、園での芋掘りが楽しかったようで、翌日も「畑にまだ残っているはず」と、一人で掘っていたら見事にお芋を発見！対話の時間にそのことを話していたところ、他の子たちも興味を持つようになり、数名の友達と一緒に再び芋探しをするようになりました。一人でいることの多かった男の子が、人と関わることを楽しむきっかけになったようです。

対話の時間は、保育者が、一人ひとりの子ども達のいいところを見つける機会となり、それぞれの強みに改めて気付ける機会になっています。

話を聞くこととは？

「「受容」のはじまり」

問いを立て、
皆で話し合う姿が日常に

順正寺こども園（広島県広島市）

きっかけ　今から数年前に、保育目標や保育方針を職員みんなで再検討した際に、様々な価値観に触れながら育ってほしいという願いから、保育目標の一つに「対話を大切にする」ということを掲げ、子ども主体の保育へと変えたことが導入のきっかけです。

子どもの変化　正解も不正解もなく、対等に意見を交わすことのできる場や、意見を言わなくても、安心して参加できる場があることで、"伝えたい"思いが膨らむと同時に、友達のことを肯定的に受け止めようとする姿が見られるようになりました。友達同士がケンカしたときにも、どちらか一方を責めるのではなく、想いに寄り添い、慰めたり、思いを代わりに相手に伝えたり、保育者が介入しなくても、自分達で考えて行動する姿に成長を感じています。

学び　一人の興味からクラス全体へと遊びが広がる育ち合いが生まれたり、みんなで意見を出し合ったりすることで、新たな方法やアイデアなどが浮かび、探究心や仲間意識が高まっていく姿に感心しています。「恐竜の卵を見つけた！」と、ある男児が発見した、様々な模様の小さな丸い石から「本当に恐竜が生まれてくるのかな？」「どうやったら卵って生まれるのかな？」と、どんどん広がっていく対話を楽しんでいました。

　保育者たちにとって、子どもたちとの対話は、言葉にならない思いや気持ちを引き出したり、その時々の気持ちを少しずつ言葉にして返していったりする、大切なコミュニケーションの場になっています。

話を聞くこととは？

「心持ちを知り、尊重すること」

事例 ⑩

人の話って面白い！
僕の話、聞いて！

風のうた保育園（沖縄県那覇市）

きっかけ 当園の保育テーマは「子どもの声に耳を傾ける」です。「子ども理解」＝「人間理解」＝「自分理解」の根っこは同列で、3つの理解は「他者」の存在と「自分」の気付きで深まると考えており、導入しました。対話の大切さは、大人こそ気付いていかなければいけないもので、対話を通じて、子どもも大人も一緒に育っていきたいと思っています。

子どもの変化 「人の話って面白い！」と言う子どもが出てきたり、人の気持ちに寄り添ったりできるような子どもが増えました。「自分」と「他者」の違い、同じところなどを理解するようになり、より子どもたちが仲良くなったように感じます。集まりのときに集中できる子が増え、内向的な子が「僕の話聞いて」と主張できるようになりました。

一方的に先生が正論を言うより、対話の中から子ども自身が思いを受け取るほうが、心に深く入り込むものだと感じます。

学び 子どもへの理解が深まりました。許す心の素敵さに触れ、子どもってなんて寛容なんだ！と感動し、自分たち大人の小ささに気付きました。

子どもたちは、相手を評価せず、純粋にその物事に触れているのに、実は保育者は子どもを「評価」してしまっていたように思います。しっかりと考えている子どもたちの哲学に触れ、つまらない大人にはならないようにしようと思いました。人は、一人ひとり自分の「世界」に住んでいて、その世界で感じ、思考し、言葉にし、行動していると思います。子どもと対等でいるには、聴くことが大切だと学んでいます。

話を聞くこととは？

「あなたの世界に触れること」

「こどもかいぎ」のための時間がない、人がいない…というときの工夫

　この本を読んでくださっている方のなかには、「『こどもかいぎ』をやってみたいけれど、人も時間もないし…」という方もいらっしゃるかと思います。このページでは、**現在、すでに対話活動を行っている方々が、どのようにして時間と人的リソースの工夫をしているのか**、アンケート結果をもとにご紹介していきます。

●そのまま派★「朝の会」や「帰りの会」で「こどもかいぎ」を！

・「わざわざ『対話の時間』をつくっているのではなく、これまでやっている『朝の会』で対話の時間を取り入れています。」
・「もともとあった『朝の会』と『帰りの会』を『こどもかいぎ』の時間に変更しただけ、いうのが現状です。」

●気合派★チーム保育とサポート体制を整備！

・「異年齢で保育し、他クラスの担任に助けてもらっています。」
・「各学年60人を1クラスとして『チーム保育』を行っています。子どもたち一人ひとりの姿や、盛り上がりそうな遊びなどを、クラスの枠を越えて共有しているので、連携も取りやすく、一人の保育者への負担をみんなで分担しています。」
・「保育補助者の方々に準備や清掃などの業務を担っていただいています。」

●熱血派★カリキュラムやスケジュールを見直し！

・「時間を捻出するために、園のカリキュラムをすべて見直し、本当にやらなきゃいけないことかを再考しました。」
・「『こどもかいぎ』は重要なことと考え、プールの時間を半分にするなどして時間と人員を確保したり、いつでもできるよう日々の予定に余白を作ったり、フリーの保育者もファシリテーターの勉強をしたり、様々な形で時間捻出の工夫をしています。」

・「保護者を喜ばせるための、外部講師による指導の時間を極端に削減。以前は英語、リトミック、ツートンブロック、和太鼓などを取り入れており、子どもたちが自由に遊ぶ時間が少なかったのですが、今は月1回30分のリズム遊びに絞りました。」

　「無理なくできるときに」という、のんびり派★もいれば、なかには、このようなご意見もありました。

　「朝主活動前の20分間や、おやつ後の30分間とか、10分でも確保できればできることなので、**まずはやってみるといい**と思います。**重要なのは人員確保より、何でも挑戦してみる姿勢かも**しれません。」

　皆さんの参考になれば嬉しいです！

第3章

なぜ「対話」なのか？
効果がスゴいんです！

あなたが子どもたちに残したいのは　どんな世界ですか？

① なぜ対話の場が必要？
子どもたちが抱える問題が
あまりにも深刻だから

　「こどもかいぎ」は「対話」をテーマにしていますが、なぜ今、未就学児に対話の習慣を提供する必要があるのでしょうか？なぜ、子どもの育ちに関わる皆さんが、「こどもかいぎ」を実践し、対話を学んだ方がベターなのでしょうか？

　それには主に3つの要因があると考えています。

> **1** 子どもたちが抱えている問題があまりにも深刻だから
>
> **2** 対話の効果によって子どもたちを救う可能性が高まるから
>
> **3** 対話は子どもたちの未来を作るために大切なことだから

日本の子どもたちを取り巻く問題

他にも、不登校、ひきこもり、ヤングケアラー、
ゲーム依存など問題は山積み

　皆さんの多くは、このようなデータは既にご存じだと思いますが、子どもたちを取り巻く現状は……、とても過酷です。児童虐待の相談件数は、約22万件で過去最多（2022年度）。近年の約20年を見ると、虐待による死亡事例は年間50件前後で、

平均して週に1人の赤ちゃん、小さいお子さんたちが、いわば、「殺されて」います。これには皆さんも本当に心を痛めていらっしゃると思います……。

そして、自殺した児童生徒数。2022年は、前年から約40人も増えて、過去最悪の514人でした。想像してみてください。**1年間で「学校一校分」の子どもが、自らこの世から去っている**んです。あんなにかわいくて、笑顔に溢れていた子どもがなぜ……。

いじめの認知件数も過去最多。不登校も、ひきこもりも、過去最多。子どもの約8人に1人が貧困で、子どもの貧困率はハンガリーや韓国よりも悪いのです。もはや「先進国」と呼ぶのもおこがましいレベル。

ユニセフ（国連児童基金）の2020年の調査によると、**日本の子どもたちの精神的幸福度は先進国38カ国中37位で、ビリから2番目**、という結果が出ています。

出生数は、厚生労働省による統計開始以来、最も少なく年間80万人を切り、少子化に向かって爆走中です。少子高齢化になると、国の経済力が落ち、税収が減り、労働力は不足し、開発できなくなる商品、提供できなくなるサービスが増える可能性が指摘されています。これらの多くは、後世に、より大きなインパクトを与えますので、実は**少子化というのは、今の子どもたちにめちゃめちゃ関係する課題**なんですよね。
子どもを取り巻く問題は、山積みすぎるほど、山積みです。

子どもたちが元気にイキイキ、笑顔で育っていく環境としては、理想からかけ離れすぎている、と思いませんか？今の子どもたちは、僕たちの子ども時代よりも、育つ条件が悪くなっているともいえます。

今こそ、この負の流れをみんなで止めないといけない。もはや、国や政治、役所に任せきりでは、日本の未来を作っていけない。誰かが何かをしてくれると期待しても、問題は解決しない。

そのキーワードの一つが、僕は「対話」だと思っています。

2 なぜ対話の場が必要？
対話によって子どもたちを救う
可能性が高まるから

　では、対話がどのように子どもたちを救うのでしょうか？次に説明するのが、対話の効果、影響の圧倒的な凄まじさです。

　「こどもかいぎ」をすると、聴く力や話す力が伸びそうだ、というのは、皆さんもイメージがつくかと思うんですが、ぜんっぜん、それだけじゃ～ないんです!!

　まず、具体的な解説の前に、「こどもかいぎ」をしているとき、子どもたちの頭の中ではどのようなことが行われているか、少し分解してみましょう。

　「こどもかいぎ」は概ね、先生からの質問やトピックの投げかけから始まります。**話を聴いた子どもたちが、最初に頭の中ですること**。それは、**相手の意図を理解しようとすること**です。もし意味が分からないと先の思考に発展しないですよね。

　内容を理解すると、たいていの場合、脳が自分の中に眠っている考えやアイデアを半自動的に掘り起こそうとします。そこで発見した自分なりの主張を、頭の中で**こねて整理し、言語を選択する**んですね。そして、意見を出したり、質問を投げたりする。その自分のアクションに対して、先生やお友達から受け止めてもらったり、様々なリアクションがあったりして、再び、

> # 理解→思考→発想→整理→言語化

というプロセスに取り組みます。このループを繰り返すのが、「こどもかいぎ」なんです。

　このような「こどもかいぎ」を続けていくと、一体、どんな効果が出てくるのでしょうか。すごいですよー！ワクワクします！

映画『こどもかいぎ』より

こども かいぎ の効果①

子どもたちの個々の能力が
爆上がりする！

　自分の考えを言葉にし、お友達の意見に耳を傾けることによって、子どもたちの中に秘められていた、次のような様々な力が芽生えるきっかけとなります。

聴く力…他の人の話をしっかりと聴くことができるようになる。

話す力…言葉にすることで自分の考えを相手に伝える力が身に付く。

表現力…単に話すだけでなく、自分の考えをより知ってもらおうと、身振り手振りを含めて、プレゼンテーションする力が身に付く。

語彙力…やりとりのなかで、今まで知らなかった言葉をファシリテーターやお友達から耳にする機会が増える。

理解力…話の内容を理解しようとする力が身に付く。

集中力…お友達が話している間は待つことによって、集中力が身に付く。

思考力…自分で考える力・習慣が身に付く。

想像力…質問の内容や議題の状況を頭の中で思い描く。

発想力…頭の中で思考を巡らせているうちに、新しい視点や考えが生まれやすくなる。お友達のアイデアも共有され、視野が広くなる。

自己理解力…考えたり話したりしているうちに、自分なりの考えや感じ方が浮き彫りになっていく。

他者理解力…聞かないと分からなかった、お友達の意見や考えなど、人間が持つ多様な側面に気付くようになる。

共感力…自分と同じ意見や考えを持つ人に親近感を覚える。

繋がる力…語り合うことで、信頼関係が強まる。

多様性…自分とは違う意見があることを知り、新たな気付きや思考の深まりに連動するだけでなく、異なる思考への寛容さが育まれる。

新しい価値を創造し、正解のない社会を生き抜く力が備わる

これらは子どもたち個々の力に絞っていましたが、**輪になって語り合うことで、子どもたちは相互に影響し合い、幅広い「副産物」を生み出す可能性**が出てきます。

●問題解決・改善力

たとえケンカになったとしても、相手の意図や気持ちを聴くと、不快感が減り、トラブルを乗り越えやすくなります。対話によって、お互いの違いを認識するだけでなく、擦り合わせ、妥協点を見つけるなど、**暴力や攻撃的なコミュニケーションに頼らない方法で、現状を克服する力と習慣が育まれます。**

●助けを求める力（受援力）

これは特に小学校以上で効果を発揮するように思いますが、話を聴いてもらえる環境や場が「常設」されていれば、お友達との関係など、**悩んでいること、困ったことを相談し、SOSを発する力**が高まります。

●新しい価値を創造する力

お互いの意見をぶつけ合うことで、**一人で考えているだけでは生まれなかった新しい価値や仕組みを創造する可能性にも結びつき**ます。

僕はクリエイターなので、「思考が創造につながる」ことが肌感覚で分かります。よく「アイデアが降ってくる」という言い方をしますが、アイデアというのは雨粒のようなもので、正に降ってきます。考えに考え抜いた思考の経験値が水蒸気のように上空に溜まっていき、それが集まると「アイデアの雲」を形成し、ある時、ひょんなことから、雨のように降り、またある時には、雷のように落ちてくるのです。

●正解のない社会を生き抜く力

急速に変化してゆき、「**正解**」だったものがいつの間にか「**不正解**」にもなりうる新しい時代においては、自ら思考するだけでなく、周りとの対話によって、情報とアイデアを交換し、「**最善の策**」を導く力が求められていきます。否が応でもそのような環境で育っていかなければならない子どもたちに、「生き抜く力」をプレゼントできるのが「こどもかいぎ」です。

●未来を信じる力

　これは小学生以上まで継続されればという条件がつくかもしれませんが、**仲間と一緒に意見を出し合って課題を乗り越えた経験の積み重ねが、「話し合えば協力し合える」という信念や、大人になってから「自分たちの力で社会を変えていける」という「未来を信じる力」、「希望」**になるのではないでしょうか？

　いかがでしょうか？「対話」って可能性に満ちあふれていると思いませんか？

　僕は映画『こどもかいぎ』を作ったことで、内閣官房こども家庭庁設立準備室（当時）の有識者懇談会や会談に呼んでいただく機会が何度もありましたが、会議のメンバーの方々が子どもの対話活動を**「究極の幼児教育」**で**「最高峰の知的活動」**と評していたのは、このようなことが由来にあるのです。

　釈迦、キリスト、孔子と並び四聖人に称されるソクラテスが、対話によって哲学の基礎を築いたことを考えると、**「最も古く、そして、最も新しい教育が対話」**という言い方もできるかもしれません。

子どもたちに発言と対話の場を！

　僕には中学1年生の娘がいますが（2023年現在）、親としては、我が子のポテンシャルを伸ばすようなことは、何でもしてあげたい！！と願うもの。大人になって、それなりの経験を積むと、コミュニケーション力や表現力、対話力が、共同体で生きていく上でいかに大切なのかを、仕事や家庭生活を通して痛感していきますよね。

　でも、残念ながら日本では、対話活動のプログラムが成長の過程に組み込まれていません。家庭内での話し合いはもちろん前提として大事なのですが、**家庭で話すことと、園や学校などの「社会」の中で言葉を交わすことは微妙に違いますし、親だから聞けること・聞けないこと、先生だからこそ話を引き出せることもたくさんあるように思います。**

　ぜひ、皆さんの手で子どもたちに発言と対話の場を定期的・持続的に作ってあげてほしいなぁと願っています。

こどもかいぎの効果②

子どもたちに心理的に安全な場が作られる！

「こどもかいぎ」では、基本的には何を発言しても、聴いてもらえますし、受け止めてもらえますし、叱られることはありません。このような空間が日常的にあることで、子どもは心理的にも落ち着きやすくなります。最近では「心理的安全性」ともいわれますが、「こどもかいぎ」というのは、正にこの「心理的安全性」を子どもたちに贈り届ける場になるのです。

「心理的安全性」とは、「自分の考えや気持ちを誰に対しても安心して表現できる状態」のことを言い、ハーバード・ビジネス・スクールのエイミー・エドモンドソン教授、という「エ」と「ド」と「ン」の多い方が提唱している概念です（噛まずに一発で発音できたあなたはスゴい!!）。

子どもたちが、自由に、忖度なく、恥ずかしがらず、自分の思ったことを湯水のごとく話せるのは、この「心理的安全性」が守られていることが大前提になります。「何を話しても受け入れてもらえる」という安心感によって、「自分は自分でいいんだ」と思えやすくなり、自己肯定感を高めるだけでなく、共に語り合うことで仲間意識や共感性が芽生えるきっかけとなったり、孤独感の軽減にもつながります。

皆さんもこういう場があったらどうでしょうか？何を言っても笑顔で返してくれ、どんな冗談を言ってもスベらない場所！欲しいなぁと思いませんか？（僕は欲しい〜！）

僕は長年、親子関係と愛着障がいの取材をしていますが、残念ながら、家庭内で自己肯定感を育めないお子さんは、一定数います。しかし、保育園や幼稚園、学校、児童館など、子どもが過ごす施設で「こどもかいぎ」のようなことが行われ、心理的に安全な場を作られるとしたら……、セーフティーネットとはいかないまでも、先進諸国に比べて低いと言われる日本の子どもたちの幸福度や自己肯定感も上がっていくのではないかな……、と想い描いています。

Googleでも証明された心理的安全性の効果

子どもとのスキンシップには二種類あります。一つは身体的なスキンシップで、もう一つが精神的なスキンシップ。これこそが「対話」であり、子どもたちの話をしっかり聴くことです。話を聴いて、受け止めてあげることは、いわば、子どもたちの「心」を抱きしめること。自分の発言を受け入れてもらえる「精神的スキンシップ」の蓄積によって、自己受容と自己理解も深まっていくのではないでしょうか。

心理的安全性の効果は、なんと、世界的企業であるGoogleでも証明されています。ご存じの方もいらっしゃるかもしれませんが、Googleが2016年に発表した約4年間の研究によると、「成功し続けるチームに必要な条件」は「心理的安全性が高い」ことが挙げられていました。生産性が高いチームでは、メンバー間で発言量が均等で、相互に話を聞き、言葉を遮られることを心配せずに、自由に意見交換ができる雰囲気が作られていたそうです。

とても納得できる分析ですよね。例えば、キラリと光る笑顔で、うなずきながら話を聞いてくれる高橋一生さんと、「話せるもんなら話してみいやー！」と顔面に唾を飛び散らせてくるコワモテの遠藤憲一さんと、どっちが話しやすいでしょうか？😁

逆に「心理的安全性」が確保されていないチームや組織は、意見やアイデアが出にくいから、成長が阻害され、衰退していきやすいということ。これはもしかしたら、会社も、国も、職場も、そして家庭も……、同じかもしれません。コワー！！

INFO

心理的安全性について詳しくお知りになりたい方は、書籍『恐れのない組織』（エイミー・C・エドモンドソン著、野津智子訳，英治出版，2021）や『心理的安全性のつくりかた』（石井遼介，日本能率協会マネジメントセンター，2020）、『LISTEN』（ケイト・マーフィ著、篠田真貴子監訳、松丸さとみ訳，日経BP，2021）などをご参照ください。

居場所の数が増えるほど、ウェルビーイングが高まる

「心理的安全性」の確保された空間は、自分にとって過ごしやすくなる「居場所」になり得ますし、当然、幸福感やウェルビーイングも高まります。

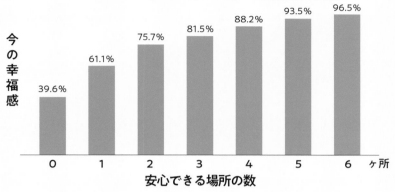

安心できる場所の数*と今の幸福感の関係

今の幸福感

- 0: 39.6%
- 1: 61.1%
- 2: 75.7%
- 3: 81.5%
- 4: 88.2%
- 5: 93.5%
- 6: 96.5%

安心できる場所の数（ヶ所）

*"自分の部屋"、"家庭"、"学校"、"職場"、"地域"、"インターネット空間" の6つのうち、安心できる場としてあてはまる場の数
出典：内閣府政策統括官「こども・若者の意識と生活に関する調査　令和4年度」　内閣府

最近は、家庭や園、学校以外の「第三の居場所」が必要だと言われ始めています。**居場所の数が増えれば増えるほど、ウェルビーイングが高まるという内閣府の調査結果**もありますし、自分を受け止めてもらえる居場所はできるだけ広範囲にあってほしいですよね。

　自分の意見を言える、尊重してもらえる「こどもかいぎ」の時間は、子どもたちには、「第二・第三の居場所」になりえるのです。

　内閣官房こども家庭庁設立準備室が2022年度、子どもや若者2036人を対象に行ったアンケート調査によると、「家や学校以外に『ここに居たい』と感じる居場所がほしい」と回答した子どもや若者は70〜80％に上り、このうちの26％は「居場所がない」と回答したそうです（年齢や性別により前後します）。

出典：内閣官房こども家庭庁設立準備室「こどもの居場所づくりに関する調査研究報告書　令和5年3月」内閣府

　子どもたちの幸福感が低いといわれる我が日本。僕ら大人は、子どもたちに心理的に安全な場を、どれくらい提供できているでしょうか？

こどもかいぎの効果③

子どもを取り巻く様々な
問題を改善する！

　これはあくまで推測の話になりますが、もし、もしですよ？「こどもかいぎ」を長年、繰り返していくことができたら、子どもを取り巻く様々な問題を打開する可能性も出てくる……とは思いませんか？

　少し想像してみていただきたいのですが、**仮に、子どもたちに発言と対話の場を、週に2回、一年約52週のうち、35回作るとします。例えば、年中さんくらいから高校卒業までの約14年間、としてざっくり計算すると**……、子どもたちが社会に出るまでに、なんとなんと、1000回ほどの場数を踏めることになります！まさに**「対話の1000本ノック！」を子どもたちに提供できる**ようになるわけです。

　もし、自分のアイデアを言い、お友達の意見を聞き、思考を深め、広げるきっかけを、それこそ1000回（しつこいけど1000回ですよ！）、体験した上で巣立っていけるようになったとしたら…、日本はスゴい社会になると思いませんか？

　繰り返しになりますが、この場数によって、聴く力や話す力だけでなく、集中力、思考力、理解力、発想力などなど、多種多様な力が伸びていきますし、自分の発言を受け止めてもらったり、ほめてもらったりする積み重ねによって、心理的安全性、自己肯定感やウェルビーイングといったものが高まっていきます。

　1000回打席に立てば、打てなかった子もボールを当てられるようになってくると思うし、1000回、卵焼きを作れば、きっとプロ級のフワフワ卵焼きが作れるかもしれない。だからこそ、大人がそういった場を作っていくのは大切だと思うのです。

　「対話の1000本ノック！」を実現できると、おそらく、日本という国は根本から変わりますよ！！そして、この過程で、子どもたちを取り巻く、**いじめや不登校、ひきこもり、うつ、自殺などなど、様々な問題が改善・解決する予測が高まります。**
　なぜなら、これらの問題に共通して出てくるのが、「言葉でうまく気持ちを伝えら

れない」「周りに助けを求められない」「相談できない」などのコミュニケーション上のハードルがあるからです。例えば、将来にまで影響を及ぼす「いじめ」は絶対に根絶したい重要事項の一つですが、**「いじめ」の問題が複雑化している理由に、子どもたちが感情を言語化できないことや独力で処理しようとすること**などがあります。

　自分の中に渦巻いている、悔しさや悲しさなどの**負の感情をうまく言葉に変換できないことから、先生や親に「何かあったら言ってごらん」と言われてもうまく言い表せなかったり、「大丈夫？」と聞かれると、「うん、大丈夫……」と思わずこぼしてしまう。**大人側も状況がよく分からないことで「いじめかどうか分からない」と判断されてしまうこともあるようです。

　そもそもですが、**発言と対話には、「練習」が必要**です。いじめや性暴力、虐待などの深刻な事態になってから、突然「何があったのか詳しく説明してほしい」と言われても、まさに「無理ゲー」です。**皆さんも、人とのコミュニケーションのなかで、もしくは会議や面接などのときに、「自分の考えをうまく伝えられなかった」という経験はありませんか？**教わっていないことを、いきなりやれというのは、何のリハーサルもないまま知らない人の結婚式でスピーチするようなものです（うわー、サイアク！）。対話が前提となる民主主義国家に住んでいながら、日本では対話に関して、家庭や学校で教えてもらうことも、訓練もされないですよね。

　自分のことを話す習慣ができることで、相談をすることも容易になりますし、子どもの話を聞く機会が日常的にあれば、SOSをキャッチしやすくもなります。**「助けてほしい」を「見える化」できれば、改善できる子どものリアルはたくさんあるはず**です。

　虐待、いじめ、貧困、うつ、自殺など、今この瞬間も、どこかで苦しんでいる子どもたちがいます。発言する機会・話を聞く場が定期的に存在すれば、この子たちを救える可能性が高まるのではないか……と信じてやみません。

対話の習慣は、将来的な社会問題の予防にもなる!?

　さて、このような**対話活動が習慣化**すると、**児童虐待やDV、性暴力、依存症、精神疾患、自殺、各種ハラスメントなど**、様々な社会問題の減少も期待できます。

　これらの課題は、コミュニケーションや居場所、孤独・孤立化などが要因として指摘されているようですが、**対話で問題に向き合う習慣がない環境で育った場合、問題が発生したときに、話し合う、周りに相談する、助けを求める、という選択肢を見出せず、解決するために暴力や暴言、虐待的な対応に頼る傾向が出てくる**と想像できます。

　自分のことをうまく「ことば」で伝えられないと、目の前の相手に思いが伝わりにくくなるので、ストレスが溜まり、時にキレやすくも、孤独感を覚えやすくもなります。しかし、「ことば」でうまく説明できるようになると、互いに分かり合えることが増えるし、精神的にも落ち着きやすくなり、争いが少なくなると思うのです。

　発言と対話の1000本ノックを続ければ、年齢を重ねるにつれて、子どもたち個々のコミュニケーション力が相対的に上がっていくことも予想されます。そうなると、自分で「居場所」を増やして無自覚のうちに「自分を守る」こともできるようになりますし、何かあれば、「対話をする癖」が長年の経験から身に付いています。

　はい……、分かっています。そう簡単ではないことを理解してはいるのですが、解決には至らずとも、改善はできるはず……と期待したいのです！

　皆さんの目の前にいる愛おしいお子さんたちが5年後、10年後、そして20年後、少しでも悩みを減らし、生きづらさを覚えないようにするためにも、きっと、もう少しだけ、私たちにできることがあるはずです。

　もちろん、ここに挙げたような問題の責任が皆さんにあるという暴論を言いたいわけでは断じてありません。僕は皆さんの第一のサポーターです。子どもたちの問題を減らすために、一緒に取り組んでいきませんか？という、ささやかなご提案です。

対話は「ベーシック・インフラ」

　こう考えていくと、対話というのは、まさに人にとっての「ベーシック・インフラ」だと思いませんか？

　たとえ、国語、算数、理科、社会がうまくできなかったとしても、人とコミュニケーションする方法、自分の意見をしっかりと言い表す力、相手の話をしっかりと聴く力があれば、どこでも生きていけます。逆に勉強ができても、人間関係につまずいて自分の可能性を羽ばたかせられない方も大勢いらっしゃいますし、共感性が育まれないと、犯罪を犯すことに躊躇しなくなってしまうことも予見できます。

　今、日本には数多の難題がありますが、その一つひとつを対症療法的に解決していくのは不可能ですよね。ここ10年だけでも、感染症や地球環境などの他、スマホ、SNSの炎上など、テクノロジーが変わり、社会の構造も転換し、歴史上ありえなかった問題も新たに噴出しています。

　例えば、「ヤングケアラー」や「スマホ依存」、「SNSいじめ」なんて10〜20年前にはあまり見聞きしませんでしたよね。近未来には、また新たな影が子どもたちを覆うシナリオも否定できません。その度ごとに問題に対処していても、マンパワーも予算も足りないし、「エビデンス」を待っているうちに犠牲者は増え続ける。

　しかし、**対話という「ベーシック・インフラ」を、もし、みんなにインストールすることができれば、問題を自分たちで打開する「自浄作用力」が付きますし、社会問題化する前に予防できるようにも**なりえます。究極の話、これさえ「レガシー」として次世代に渡すことができれば、子どもたちは生き残っていく方法を見出せます（極端ですが）。

　現在の大人社会が抱えている問題の多くが、コミュニケーションや人間関係に関わることだと思うのですが、そろそろ、自分の気持ちを言葉にするとか、それを相手に伝わるように伝える、相手の話をしっかり聴く、ということを、もっともっと小さい頃から学んでいく必要があるとは思いませんか？

とはいえ、ここに書いたような「こどもかいぎ」の効果は、ものすごく残念なことに、エビデンスのある話ではなく、あくまで、「イチ映画監督の想像と妄想」にしか過ぎません。ひろゆきさんと議論したら、きっと「それってあなたの感想ですよね？」と論破されちゃいそうで怖いです 😄 。

子どもの対話活動は、日本において創成期に近く、数字やデータが、ほとんど見当たりません。この辺りは、大きな課題の一つです。でも、「対話をする技術」が育まれていけば、子どもたちの潜在力を伸ばすことにも、助けることにも、将来的に虐待や暴力を減らすことにもつながりそうだな～とは皆さんも思いませんか？

フィンランドでのスゴすぎる研究結果

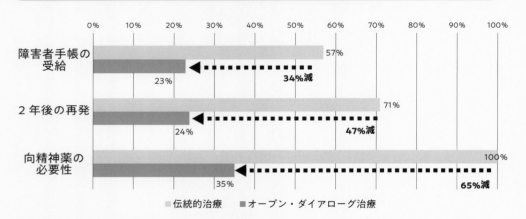

さて、こちらはエビデンスのある話。フィンランドで、かつて行われた実践の研究結果です。統合失調症の患者さんと「対話（オープン・ダイアローグ）」を重ねたら、

・障害者手帳を受給する方が約34%、減少

・2年後の再発が約47%、減少

・薬を必要とする患者さんは、なんと、約65%、減少

した、というものです。もう一度、書きますが、薬ではなく、「対話」です。対話には、本当に大きな力があるんです。まさに、「魔法の杖」と呼べるかもしれません！
（テクマクマヤコン、テクマクマヤコン……って古いか！）

●オープン・ダイアローグ

　オープン・ダイアローグとは、診察室で医師と患者だけで行う「会話」とは異なり、患者の家族や友人、臨床心理士や看護師といった、関係者が1カ所に集まり、「チーム」として、オープンに「対話」を重ねていくというもので、精神医療の現場ではとても注目されている手法なのだそうです。

「こどもかいぎ」を諦めないで!!

映画『こどもかいぎ』の製作は壁だらけでした。まさに『進撃の巨人』に出てくるような、どデカい壁だらけで、今までの作品で最も大変だったかもしれません。撮影や編集は当たり前のように苦労し、コロナによってお蔵入りにもなりかけました。

一番の修行はきっと、「こどもかいぎ」そのものが、なかなか軌道に乗らなかったことです。今はトリセツにまとめられるほどの知識と経験がつきましたが、撮影開始当初は、僕もファシリテーターをする先生も、やり方に精通していたわけではありませんでした。それもあってか、もしかしたらトピックの選定や声かけの仕方など、子どもたちにとって話しやすい状況が作れていなかったのかもしれません。

撮影をしていても「盛り上がっていない状態」が半年ほど続きました。「これじゃ、映画にならない!」実は人知れず、僕はめちゃめちゃ焦っていました。何故かというと、現実的な話、映画を作るには、家一軒買えるほどのお金が必要で、僕らはいわば、巨額の資金を「投資」していたからです。国からの助成はありません。クラウド・ファンディングなどでもご支援をいただくことができましたが、ここだけの話、それもほんの一部。約8割は自腹です。皆さんにも想像してみていただきたいのですが、何千万円も投資したものが、予定の半分の時期を過ぎてもモノになっていない、まさにガビ〜ン、という状態を😅。

ただ、僕らは諦めませんでした。なぜなら、前述のように、他国で子どもたちが話している様子を見ていたこと、また、撮影を開始する前に、日本のいくつかの園で対話活動を目の当たりにしていたからです。イギリスが誇る世界的な劇作家、ウィリアム・シェイクスピアの名言に「成し遂げんとした志をただ一回の敗北によって捨ててはいけない」というものがあります。「あの子たちにできたんだから、この子たちにできない理由はない!」 そう、盲目的に信じました。

何より、**僕らが諦めることは、「子どもたちの芽を摘んでしまうこと」**だと考えていました。きっとこれまでも、子どもたちの話に耳を傾けよう、意見を聞いていこうと、似たような対話活動を試みたものの、1〜2回やってみてあまりうまくい

かず、「やっぱり子どもは大したことを考えていない」「子どもたちに話をさせるなんて無理だった」と断念した方々もいると思うんです。それが積もり積もって、今につながっているのかもしれないなぁとも思いました。

　「いつか、この花は咲くはずだ！」信じて、信じて、信じて、水を与え、日光に照らし、土を変えたり、肥料をあげてみたり、いろいろな工夫を施しました。僕ら自身もファシリテーションの勉強をしたり、対話実績の豊富な先生に来てもらったり（世田谷区・上町しぜんの国保育園の青山誠園長（当時）に監修に入ってもらいました）、難しいトピックだと「かいぎ」が弾まなかったので、子どもたちが話しやすいものでスタートして段々と深い内容に移行していったり……、できることに尽力しました。

　そうして、半年が過ぎた頃、ポツポツとかわいい花が開き始めました。エネルギッシュに輝く花、静かにしっとリと微笑む花、形は変わっているけど奇想天外な花、本当に愛おしい、色とりどりの花が咲き誇りました。

　皆さんも対話活動に挑んでいるなかで、うまくいかないことはきっと幾度もあると思います。でも、諦めないでください。がんばルンバしてください！子どもたちは頭の中の宇宙で、ひたひたのコップから溢れるくらいにた〜っくさんのことを考えています。話したい、聞いてもらいたいと潜在的に思っています。ぜひ、**花を咲かせるイメージで、じっくりじっくり、育てていってもらえたら**と願っています。きっと、いろ〜んな花が咲き誇りますよ〜。

映画『こどもかいぎ』より

3 なぜ対話の場が必要？
対話は未来を作るために
大切なことだから

　さてここまで、子どもたちに発言と対話の場が必要な理由として、『こどもかいぎ』をすることで、様々な潜在能力を伸ばしつつ、心理的に安全な場を提供できること、それによって、子どもたちを助け、将来的な社会問題の予防になる可能性があることを書かせていただきました。ここからは、対話によって描かれる未来展望についてお話ししていきます。

　「世の中」というキャンバスは、無数の登場人物によって描かれています。年齢や性別、家族構成、出身、考え方、背景や抱えているものなどが違えば、価値観も大きく変わりますよね。言わば、私たちはカラフルな社会の中で生きています。

　ただ、この**「多様性」という生き物は、実は「取扱注意」**でもあります。SNSでは顕著に現れますが、立場や理念、生活条件が違うことが明らかになると「合わない人たちとぶつかる」ことが、わんさか出てきてしまうんですよね。

　例えば、保育や教育という立場から、子どもが育っていく環境を充実させたいと訴えても、子どもを産み育てていない人たちからは「関係ないね！（「あぶない刑事」の柴田恭兵風に、また古いかw）」と言われる状況が山ほどありますし、親がまだ若い若者にとって、介護の問題は「関係ないね！」という意識でしょう（柴田恭兵を知らないかw）。当事者にならないと分からないことが、世の中にはいくつもあります。その**違った立場の人たちを結びつける「潤滑油」**になるのが、**「対話」**なのです。

　さて、そのときに、もし、当事者同士が「対話の仕方」を知らなかったりすると……、もう悪夢ですよね。そう、意見交換のできない大人たちによって運営されている現代社会では、お互いを尊重し、考え方を聴き合い、落としどころを探っていく、という「作法」を習っていないため、叫んだり、わめいたり、相手を貶めたり、時に脅したり……、暴言と暴力が圧倒的に増えていきます。

もし対話がないなかで、集合体をまとめようとすると、某国のように、ある一定の思想を持った人か集団が、独裁的に遂行する以外にありません。その場合は権力側にいない立場にいる膨大な数の人たちに、強烈な負担を強いるようになります。

つまり、**星の数ほど多様な人たちと、何とか折り合いをつけて、それぞれが「最大公約数」な幸せを実現していこうとすると、対話をし続けるのが、遠周りのようでいて近道になる**と思うのです。

残念ながら、近年のアフガニスタンやウクライナの情勢などを見ても、圧倒的な暴力の前には、対話は時に無力です。それは事実。言葉のやりとりだけでは暴力を止められない側面もあると思います。戦争だらけの人間の歴史を鑑みると、**人間という生き物は、相手の話を聞き、建設的に話し合うことを小さい頃からトレーニングしていかないと、暴力によって自己実現しようとする習性がある**ようにみえます。このような世の中を、今の子どもたちに残したいでしょうか？子どもの頃から、そして遅ればせながら、子どもたちと一緒に、大人も対話を学ぶことによって、豊かな未来を作る確率を上げることができるとしたら、試してみたいと思いませんか？

子どもたちの先行きは、ますます不確実になっていくと思われます。僕たちはコロナ禍に遭遇し、ここ数年間で急速な変化を経験しました。このような社会の地殻変動はいつまた起きるとも限りません。いや、必ず来ます。最近ではAIやChatGPTなどが非常に話題になっていますが、これは、かつての自動車、最近のスマホの登場と並ぶほど人類に大きなインパクトを与え、今の子どもたちの育ち方や教育、将来選択する仕事にまで大きく影響します。しかし、そのようななかでも、**人と人が言葉を交わし合う「対話」は廃れず、ますます重要性が増してくる**と思うのです。

振り子のように揺れ動く世界では、状況に応じて自ら考え、周りの人たちとのディスカッションのなかで試行錯誤し、協力し合って望ましい道を共に作っていくことが求められます。**先の見えない時代を切り開いていかなければならない子どもたちには、「答え」ではなく、「答えへのアプローチの仕方」を届けていく必要**があります。その一つが「対話」なのではないでしょうか。

小さい頃からの発言と対話の場を作ることは、子どもたちの未来を作っていくこと、なのです。僕たち、大人にできることは何でしょうか？

子どもの対話活動は、欧米先進国では当たり前に行われている

子どもの対話活動は、欧米先進国では当たり前のように行われています。教育大国、幸福大国では特に顕著です。僕が映画『こどもかいぎ』を製作したきっかけの一つには、僕自身が海外で「こどもかいぎ」のようなものに出会ったこともあります。

僕は約4年、カナダで生活した経歴があり、取材などで訪問した国は30カ国以上になりますが、「日本人も場数を踏めば、コミュニケーションが上手になり、20年後には対話社会を作れる‼」というのが、グローバルな体験で感じたことです。

20年近く前、僕はカナダのバンクーバーで映画製作の修行をしていました。異国の地で得られたことは、映画作りの極意だけではありません。その一つが、コミュニケーションです。北米の人たちは、自己表現ができる人が多い、という印象を皆さんも持たれていると思います。実際、まるで舞台役者のように、体全体を使って、自分の意思を伝えようとする人が牛の数ほどたくさんいました（カナダは牛が有名！）。

一方、僕ら日本人は、真逆、ですよね。対話は苦手だし、プレゼンテーションも得意ではないし、会議ではあまり発言できない傾向があるように思います。その論拠は「国民性」にあると僕は長年、思っていました。単純に「日本人だから」と。しかし、その概念は徐々に崩れていきました。カナダで生まれ育った「ジャパニーズ・カナディアン」は、決してコミュニケーション下手ではなく、「カナダ人」と同じように自己開示ができていたからです（もちろん、パーソナリティによりますが）。

その裏付けの一つが、カナダの保育園で行われている「サークルタイム」と呼ばれるもの。カナダでは未就学児の頃から、みんなで輪になって、歌ったり、踊ったり、まさに「こどもかいぎ」のようにお話をしたり、という活動が行われています。

当時、子どものいなかった僕は友人に「なんでそんなことをしているの？」と不思議そうに聞くと、「逆に、なんで日本はやってないの？」と肩をすくめられ（欧米人がよくやるやつです！）、「What do you think？（君はどう思う？）」と投げかけられたことを思い出します。彼らは、小さい頃から、この「What do you think？（君はどう思う？）」という質問を、親から、大人から、何度も何度も聞かれながら過

ごすんですよね。そりゃあ、自分で考えて、行動する「癖」がついていくはず！

　カナダでの体験を通して、僕が思うようになったことは、**日本人がコミュニケーション下手なのは、島国だからでも、シャイだからでも、日本人という民族性だから、でもなく、単純に、「発言と対話の機会を与えられていないから」**ということ。

　この時期に、もしかしたら僕の中に映画『こどもかいぎ』の「種」のようなものが植え付けられた……のかもしれません。

対話によって教育・幸福大国を実現したフィンランド

　そして、この映画の「芽」が生えたのが、おそらくフィンランドでの体験です。2014年頃、北欧の社会システムに関する作品を作れないかと、数週間、北欧を回ったことがありました。

　北欧諸国は国民の幸福度が高いことで知られていますよね。ちなみに、2023年3月20日に発表された**最新の「世界幸福度ランキング2023」の結果では、フィンランドは6年連続1位、スウェーデンは6位、カナダは13位、日本は……47位**でした。
出典：“World Happiness Report” https://worldhappiness.report/archive/

　教育総合ランキングは、「OECD Better Life Index Education」によると、こちらも1位はフィンランド、スウェーデンは3位、カナダは10位、日本は14位です。もちろん、これらの数字は鵜呑みにはできませんが、参考にはなると思います。
出典：“OECD Better Life Index Education” https://www.oecdbetterlifeindex.org/topics/education/

　訪問するまでの僕のフィンランドのイメージは3つ。知らない方も多いと思いますが、巨匠アキ・カウリスマキ監督の映画に出てくるような、シャイで鬱屈とした人々（実は自殺率は高いのです）。にもかかわらず、高い幸福度。そして、2000年代初頭から急にメディアを騒がせるようになった、教育大国としての顔。

フィンランドの学校では、宿題もテストもないし、先生は教えない、と言います（これはちょっと語弊がありますが）。そんななかで、**兵庫県程度の人口550万人前後しかいない小国が、どうやって教育という分野で、世界ナンバーワンになったのか？なぜシャイな国民性にもかかわらず、幸福度ランキングで首位に君臨しているのか？**

© 豪田トモ

　それを探りに実際に訪問してみて、僕が驚いたことは、フィンランドの人たちが「対話」をとても重要視していたことでした。シャイであることを受け入れていては、国が発展しない、と思ったのでしょう。**日本人と同じように控えめな民族であるにもかかわらず、フィンランドの人たちは、いつの頃からか、ダイアローグを重視するようになり、数十年前から、「対話社会」にシフトしていった**ようなのです。お会いした方々から最もよく聞いた単語も「dialogue（対話）」でした。

　彼らはそれこそ、サウナの中で、道端ですれ違った赤の他人とも、様々なことをしゃべくり合います。**相手のことが分からないからこそ、話を通じて理解を深めようとする**のです。お聞きしたところ、**学校でも「無駄話はしない！」などと先生に怒られることはまずない**ようです。ノートを取りながらも「昨日、家でこんなことがあったよ」「そしてこんなふうに感じたよ」と**クラスの中で突然話し出したりしても、先生も子どもも聴き、反応してくれる環境が教室の中にある**ようです。

　明確な因果関係は、正直、分かりませんが、対話の習慣によって、フィンランド人は思考力やコミュニケーション力を高めたこと、心理的な安全性が確保されている環

境があることなどが、教育大国、幸福大国にもつながっているのではないかなぁと個人的に推察しています。

このようなフィンランドの方々を見て、僕が思ったのは、「シャイなフィンランド人が対話社会を作れるのであれば、日本人だって作れるんじゃないか？」という未来への展望でした。

もし、日本の子どもたちも、定期的・継続的に、「こどもかいぎ」のようなことをしていれば……、きっと、20年後には対話社会になる！様々な能力が開発され、生活よりイノベーティブになり、子どもたちを取り巻く問題も整理され、現在の社会問題の多くは消滅していくはず！そう感じました。

世界では「コミュ障」は圧倒的に不利になる

ここではカナダとフィンランドをご紹介しましたが、これら以外にも訪問したオランダやスウェーデン、アメリカなど欧米の先進国では、子どもたちに、話をしてもらう、意見を聴いてもらう、対話をしてもらう、ということが、園で、学校で、家庭で、当たり前のように行われています。いわば、構造的に「対話の訓練」をしているのです。それは、人生を生きていく上で重大だから、という共通認識があるからですよね。

今の日本の子どもたちは、僕たち以上に、国際的で多様な世界に飲み込まれていきます。少子化が進行し、経済大国から転落すれば、今まで以上にグローバルなマーケットに出ていく必要が高まりますから、外国語だけでなく、コミュニケーション法を小さい頃から学んでいくことは必須!!になっていきます。

我が国は未だに「島国意識」が抜けないためか、どうしても言葉の行き先をほぼ日本人オンリーに限定しがちです。日本では、話し下手やシャイ、「コミュ障」という課題が、「共感」をもって、当たり前のように受け入れられていますが、海外では全く容赦してくれませんから、日本人は圧倒的に不利になります。これは放っておいても良いのでしょうか？将来、国際化の波に溺れないよう、子どもたちが不利にならないよう、少なくとも同じスタート地点に立つ必要があるとは思いませんか？

「対話」は一生ものの、「必須のライフスキル」です。現在のように、対話を学ばずに育ってきた大人社会で優位な人は、主に二種類。もともと天才的に（詐欺師並みに？）コミュニケーション能力が高い人か、声がデカい人😀。そういった「不平等」も「こどもかいぎ」が習慣化すれば、将来的には是正されるかもしれません。

　長くなりましたが、なぜ「対話」なのか、どうして未就学児に対話の習慣を提供する必要があるのか、なぜ、子どもの育ちに関わる皆さんが「こどもかいぎ」を実践し、対話を学んだ方が良いのか、この僕の長い長い説明で、お分かりいただけたら、やったぜベイビー、嬉しく思います。

　3章の内容はとても大切なことなので、まとめておきましょう。

なぜ「対話」の場が必要？
　1　子どもたちが抱えている問題があまりにも深刻だから
　2　対話によって子どもたちを救う可能性が高まるから
　3　対話は未来を作るために大切なことだから

こどもかいぎの効果
　1　子どもたちの個々の能力が爆上がりする！
　2　子どもたちに心理的に安全な場が作られる！
　3　子どもを取り巻く様々な問題を改善する！

第4章
「こどもかいぎ」の 実践方法 （ファシリテーション）

あなたが子どもたちとのコミュニケーションで 大切にしていることは何ですか？

1 こどもかいぎの場を作るのは「おとな」

　それではいよいよ、「こどもかいぎ」の実践方法についてお話ししていきます！大人はどうやって「こどもかいぎ」の場を設けていったら良いのか、どのように話を聴けば、子どもたちからうまく言葉を引き出せるのか……。

　日本の子どもたちは「みんなで話し合う」「自由に意見を言って良い」という「場」に、そもそも慣れていません。そのような場で大黒柱になってくるのが、「おとな」の「ファシリテーター」です。

　「ファシリテーター」とは、「かいぎ」や議論などの場において、中立的な立場から円滑に進行をしていく役割の人のことです。「こどもかいぎ」における「ファシリテーター」は、「かいぎ」の進行役でありながら、「『こどもかいぎ』で大切にしたい三つのこと」を実践する最重要な「おとな」です。

　言葉を学び始めた子どもたちがイキイキとその道具を扱うには、まだまだ大人のサポートが必要になりますが、ファシリテーターは、いわば、シェフのようなもの。言葉という食材を美味しく調理して子どもたちに食べてもらうのがファシリテーションです。

　ファシリテーターになる条件なんてありません。子どもが好きで、「子どもの可能性を伸ばしたい！」と願う人なら、誰でもウェルカムです！ただし……、「コツがあります！」という注釈がつきます。

　これは「保育」と似た部分があるかもしれません。「子どもを見る」ということは、誰でもできるかもしれないけれど、「保育」というものを学んだ上で子どもと接すると、「子どもを見る」ことの意味が異なり、全く違った接し方ができるのは、スペシャリストである皆さんが最もよくご存じだと思います。「こどもかいぎ」も少し似ています。

2 「ちょっとしたコツ」を知っておく大切さ

正直に言いますと、「こどもかいぎ」の運営の仕方によっては、以下のような残念な経験をしてしまうことも考えられます。

◎ 「こどもかいぎ」で起こりうる残念な体験

・話したい内容をうまく言葉にできず、ストレスになる

・特定の子ばかり話して退屈な気持ちになる

・一生懸命、話していたのに、途中で遮られて、気持ちが沈んでしまう

・手を挙げたのに指してもらえず、寂しい気持ちになる

・自分の発言を否定され、自信をなくしてしまう

・椅子に座り続けることが難しく、叱られてしまう

・順番を待って発言をすることが難しく、ネガティブな受け止め方をされてしまう

・先生が話してばかりで、話を聴いてもらえない

いかがでしょうか？想定されうると思いませんか？また同様に、**大人側も、うまくファシリテーションできずに、自信をなくしてしまったりして、ネガティブな体験をしてしまうことにもなりえます。**このようなことをできるだけ避けてもらうためにもご活用いただきたいのが、本トリセツなのです。

そもそも、日本社会で生まれ育った僕ら大人たちには、対話の経験が十分にあるとは言えません。小さい頃から、十分に話を聞いてもらった習慣が十分すぎるほどある人なんて、どのくらいいるでしょう？愛情表現と同じで、やってもらったことがないことをイチから組み立てるのは、とても大変です。

　子どもたちから言葉を引き出すことは、誰にでもできるとは思います。ただ、**ちょっとしたノウハウを知っておくと、残念な体験を減らせるだけでなく、子どもたちから、まるで石油発見！のように言葉が湧き出てくる可能性が高まりますし、大人も子どもも、より楽しめるように**なっていきます。

3 子どもの心は 聞いてみないと分からない ファシリテーターの声

　まずは「先輩ファシリテーター」が「こどもかいぎ」をやってみて、どのようなことを感じたのか、参考までにご紹介していきましょう。

 カッキー先生
映画『こどもかいぎ』でファシリテーションを担当

© 豪田トモ

　「最初は、静かな場で子どもたちが向き合って話をする、というのが全く未知だったので、どこを伸ばそうとかなんて考えられず、白紙からのスタートでした。そんななか、僕が**気を配っていたのは「絶対に話を聞いてもらえる場なんだ」というシチュエーションづくり**でした。子どもたちは、場があれば、その時に思っている気持ちや見えている景色、考えていることをどんどん話してくれます。」

　「自分の気持ちを出してもいいんだ、という安心感を1回でも経験できているかどうかが、大人になるまでにすごく大きな差になる。そういう**人の話を聞く力を育てる**のにも『こどもかいぎ』の場は**とっても重要**だと思いました。」

2 ユミコ先生
映画『こどもかいぎ』でファシリテーションを担当

© 豪田トモ

「ケンカしてるけど、結局仲良く遊んでるから、仲良しって思ってたのに、意外とそういうふうに思ってるんだとか、驚くことがいっぱいありました。日常生活のなかで「今日はこれについて話し合います」みたいことを言う場ってあんまりないんですよね。」

「でも、自分の気持ちを前に出すことやお友達の意見を聞くことってとても大事なので、その経験ができたのは良かったんじゃないかと思います。」

3 クラッキー園長
映画『こどもかいぎ』の舞台となった、認定こども園・園長

映画『こどもかいぎ』より

「最初は、子どもたちが話し合いなんてできるの？と思っていました。でも、子どもの持っている想像力や考えていることに「えー、こんなことまで考えてるのか」と、すごく新鮮でした。」

「自分の思いを言葉にするというのは、大人でも難しいことですよね。子どもたちが、気のおけない仲間と、そのときの感情もそのまま出していい雰囲気のなかで語り合えるのは、キラキラしたものが創りあげられていく素敵な時間になったと思います。」

4　葉一さん　教育系YouTuber
小学生との「こどもかいぎ」でファシリテーションを担当

「答えが出しにくい質問にも、子どもたちから言葉がすらすらちゃんと出てくるのが発見であり、感動でした。世の中のほとんどの仕事でコミュニケーション能力が必要ですが、気持ちを伝えることで、その子自身も生きやすくなるし、周りへの影響も大きなものになる。」

「大人になるまでの20年、こういう経験を続けていったら、日本は変わると思います。」

 5　高宮敏郎さん　SAPIX YOZEMI GROUP共同代表
小学生との「こどもかいぎ」でファシリテーションを担当

「「聞いてみないと分からない」ということがよく分かりました。物事は違った立場から見ると違って見えるんだということを学んでいくので、コミュニケーションがうまくいくようになるし、世界平和にまでつながるのかなと思いました。」

「また、子どもたちって思っている以上に大人の求めている答えを出すんだということにも気付いたので、本当に留意が必要で、信頼関係を築いたり、回を重ねていくことは欠かせないのかなと思いました。」

INFO

ファシリテーションを体験された方の声をまとめた約2分の映像を用意してありますので、ぜひご参考ください。

▼ファシリテーションを体験された方の声
①https://www.umareru.jp/kodomokaigi/experience/#5
▼『こどもかいぎ』のファシリテーターへのインタビュー
②https://youtu.be/wDhIzAceF3s

① 　②

4 こどもかいぎで 大人もパワーアップ！

　皆さんの声、いかがだったでしょうか？実は、「こどもかいぎ」は子どもだけにベネフィットが生じるものではなく、ファシリテーター側にも多大な影響があります。

　近代保育へ多大な功績を残された倉橋惣三さんは書かれています。「育ての心は相手を育てるばかりではない。それによって自分も育てられてゆくのである。」失礼しました。釈迦に説法ですね。

　まず、**子どもたちの声に耳を傾けることで、知らなかった子どもたちの世界や心の内をどんどんと知ることができるように**なります。「ああ、そんなことを考えていたんだ！」とか「ちゃんとこんなことも分かってるんだね〜！」という体験の連続によって、**大人と子どもの相互理解が進みますし、自然と、今まで以上に子どもを尊重するようにも**なります。

　これまでの「おとなまんなか社会」では、子どもの話をしっかり聞いてこなかったので、「子どもは話せない」という概念で凝り固まってしまっていますが、実際にやってみると、この岩のような考えを、やさしく解きほぐしてくれます。

　言葉は悪いですが、「それまで何を考えているか分からなかった宇宙人」のような存在だった子どもが、「奇想天外な知的生命体」に変わっていき、そのような嬉しい驚きの積み重ねで、子どもと接することが、さらにさらに、楽しくなっていきます。すっごく魅力的だと思いませんか？

　そして、それと同じくらい注目いただきたいのが、**大人側のコミュニケーション力もレベルアップする**ということです。

　というのも、「こどもかいぎ」のファシリテーションというのはね……、めっっっっちゃめちゃ、脳みそを使うんです！！！

だって考えてくださいよ。会議中にふらふらと歩き始める子がいたり、途中で急に「やめた！」と言って出て行ってしまう子がいたり、そもそも、おもちゃに夢中で会議に参加しようとしない子もいますし（ま、無理に参加しなくてもいいんですが😄）、ずっと話し続けちゃう子もいれば、全く発言しないでつまらなそうにしている子もいたりするわけです。大人の会議では、ありえないエッジの効いた事態が勃発しまくります😄。そういったなかで、「こどもかいぎ」が大切にしている三つのこと、「聞く、話す、尊重する」ということを実践していくには、相当、大人も鍛えられるわけです。

このような場数を踏むと、大人の会議のファシリテーションなんて、屁でもなくなりますよ。それどころか、**友人、知人と話をするときにも、どういう空気感を作ったら相手が話しやすいかな、とか、次にどんな質問をしたらこの人はもう少し心を開いてくれるかな、とか、そういった非認知能力が実践的に鍛えられていきます。**自然と、「おとなかいぎ」をする力も高まっていくんです。このような積み上げによって、パートナーや子ども、友人、家族、職場での関係性を強化していくことも期待できるかもしれませんね。

そう。一言で言うと、皆さんの毎日がキラキラと輝くことにも結び付くんです。

いわば、「こどもかいぎ」のファシリテーションができるというのは、自分の中にアプリをインストールするようなイメージです。しかも、最高に使えるアプリで、子どもだけでなく、大人もパワーアップできちゃうのです。

5 ファシリテーターの 7つの役割

ファシリテーターの主な役割は次の7つになります。手短にいえば、**「子どもが安心して話ができる場作りをして、会議を進行すること」**です。以下に共有していきます。

※細かく書いていますが、これをすべてやらなければならないわけではありませんし、「難しそう」と感じてしまったら本末転倒なので、あくまで参考程度に「いいとこ取り」をしてください。

---

1 ルールの説明をする
2 雰囲気作りをする
3 進行する
4 話し合うトピックを投げかける
5 話を聴く
6 話を引き出す
7 見守る

---

1 ルールの説明をする

子どもたちは「こどもかいぎ」が何をする場なのか、最初のうちは分かっていませんので、「みんなでお話し合いをして、楽しい時間を過ごすこと」ということの他、子どもたちに守ってほしいお約束などを伝達します。

※詳しくは、後述する「こどもかいぎを子どもたちに説明する方法」を参照ください（89ページ参照）。

2　雰囲気作りをする

　「こどもかいぎ」が成立するためには、「場作り」が重要です。場作りについては、後述の「ファシリテーターの「場作り」で大切な5つのコツ　S・M・I・L・E（スマイル）」（77ページ）をご参照ください。

3　進行する

　「話を聞いてほしい」「うまく話ができない」など、子どもたちの思いは多様です。その一つひとつに思いを寄せながら、『かいぎ』を進行していただけることを願っています。

4　話し合うトピックを投げかける

　何を語り合うのか、トピックを問いかけます。ファシリテーターがあらかじめ決めておくのが多数派だと思いますが、子どもたちに意見を聞いてもいいですし、いくつか決めておいて子どもたちに選択してもらったり、くじ引きのような形にして選んでもらうのもアリですね。

　ただ、最初のうちは日常的で馴染みのある簡単なものからにするのがオススメです。詳しくは後述する「第5章 話し合うトピック」（104ページ）などもご参照ください。

※この本では「話し合う議題」のことを「トピック」で統一しています。

5　話を聴く

　基本的に話すのは子どもで、ファシリテーターの主な役割は「聴くこと」です。後述する「話の『聴き方』3つのポイント」（79ページ）などを参考に、子どもの話に耳を傾けてあげてください。くれぐれも喋りすぎに注意です！

▶6 話を引き出す

　「こどもかいぎ」の一番の醍醐味です。**ファシリテーターの場作り、受け止め方などによって、「かいぎ」は大きく変わっていきます。**どのように質問するかも、とても重要です。人は質問されると一気に脳が動きます。脳が前に進むのか、止まってしまうのか、はたまた、竜巻のように登っていくのかは、ファシリテーターの「質問力」によっても、大きく左右されます。

　慣れないうちは、戸惑うこともあるかもしれませんが、様々なコツがあります。うまく発言ができない子、躊躇する子などもいますが、子どもの多様性を重んじながら、それぞれの花を咲かせてあげられるといいですね！

▶7 見守る

　子どもたちは、言葉という道具を手に入れたばかり。そう簡単には使いこなせませんので、頭に浮かんでいることをうまく言葉にできなかったり、その変換作業がゆっくりな子もいます。「沈黙の時間」にも愛を感じて、子どもたちが焦らず、じっくり考える時間を持てるように、見守ってあげてください。

あのねー

6 まず、こどもかいぎをする「目的」を明確に

　「こどもかいぎ」をやってみようかな、と思ったときには、まず、「目的」を考えることがスタートボタンになります。新しいことを始めると、どこかで行き詰まってしまい、継続できなくなるときがありますが、軸がしっかりしていないと「（こんな大変なのに）何でやってるんだっけ？」という心境になってしまう場合ってありますよね。

　「こどもかいぎ」をなぜするのか？皆さんで「おとなかいぎ」をして、方向性を決めることが賢明だと思いますが、「え～、どこから考えたらいいか分からないなぁ？」と迷われたときには、次のページを参考にしてみてください。

　ちなみに、僕らが「こどもかいぎ」を推進する目的は、ズバリ、【子どもたちが持つ無限の可能性を伸ばし（教育的要素）、将来、幸せに生きる確率を増やし（福祉的要素）、平和な未来を作るきっかけにする（社会的要素）】ことです。

映画『こどもかいぎ』より

◎ 「こどもかいぎ」の目的候補

- 自分の意見を表現する方法を学ぶ
- 他者の意見を聴く方法を学ぶ
- 想像力や発想力を伸ばす
- 理解力や思考力を伸ばす
- コミュニケーション力を伸ばす
- 自分自身と他者への理解を深める
- 高い自己肯定感を持ってもらう
- 幸福感やウェルビーイングを高める
- 自分を受容してもらい、他者を受容する感覚を学ぶ
- お友達とつながる力や仲間意識を目覚めさせる
- 他者との関わりを、もっと楽しいものにする
- 子どもたちが過ごす環境をより良くする
- 子ども同士のケンカや諍いごとなどを改善・解決する
- 新しいものを一緒に生み出す
- 大人と子どもの相互理解を進める
- 自分とは違う意見があることを知り、新たな気付きにつなげる
- 子どもたちの気持ちや考えを知りたい
- 正解のない社会を生き抜く力を養う
- 将来、コミュニケーションによって悩む機会を少しでも減らす
- 平和な未来を作るきっかけとする
- 最終目標は世界平和！！

7 ファシリテーターの「場作り」で大切な5つのコツ

S・M・I・L・E(スマイル)

「こどもかいぎ」のファシリテーションには、最も重要なことが3つあります。**そのスリートップは、1. 場作り、2. 話の聴き方、3. 質問の仕方**です。そのうち、さらに重要度が高いのが、「場作り」。これがうまくできないと、せっかくのファシリテーションがうまく機能しないことも想定されるからです。いわば、「土」が良くないと、良い苗を植えて、一生懸命、水をあげて、肥料を施したとしても、うまく植物が育たないのと似ているかもしれません。

この優先事項の要点を、分かりやすく5つにまとめました。「SMILE（スマイル）」です。分かりやすいでしょ～？これは就寝前に思いついたんですが、おかげで興奮して眠れなくなりました 😊 。はい、自画自賛です。

◎ 「場作り」で大切な「S・M・I・L・E（スマイル）」

1️⃣ Smile（笑顔）

2️⃣ Method（話の聴き方、話し方）

3️⃣ Icebreak（アイスブレイク）

4️⃣ Loyalty（信頼関係）

5️⃣ Enjoyable（楽しそうな雰囲気）

🚩 1 Smile（笑顔）

当たり前だと思われるかもしれませんが、これ、**実は意識しないと意外に難しいんです。**というのも、皆さん、思っている以上に、「無表情」だってご存じでしたか？ 😄 ズーム等のオンライン会議かなんかをやると、ほぼ全員、能面です。つまり、普段のデフォルトは笑顔ではない、ということなんです（ま、いつもニコニコ・ニヤニヤもヤバいですが 😆 ）。そして、冷淡な表情というのは、時に、「怒ってるの

かな？」「機嫌が悪いのかな？」などネガティブに解釈されることもあります。**笑顔は意識的に！**

2 ▶ Method（話の聴き方、話し方）

これは「場作り」の肝になるファシリテーションの仕方ですね。様々な方法、いわば、いろんなカードを持っているということは、場を洗練していく上で武器になります。のちに詳しく解説していきます。

3 ▶ Icebreak（アイスブレイク）

アイスブレイクに関しては皆さんのほうがお詳しいと思いますので、割愛しますが、特に、始める前に体を動かしたり、血の巡りが良くなるちょっとしたアイスブレイクができると、子どもたちには「何か楽しいことが始まりそうだなぁ」とテンションを上げて、着手してもらいやすくなります。

4 ▶ Loyalty（信頼関係）

どれだけ事前にコミュニケーションをとって、関係性を築けているかが、場作りには大切です。例えば、知らない大人がファシリテーションをする「こどもかいぎ」だったとしたら、きっと子どもたちは、発言しにくいですよね。安全な環境、優しさと愛情、共感、などなどは子どもたちとの信頼関係を築くポイントでしょうか。

5 ▶ Enjoyable（楽しそうな雰囲気）

「さぁ、『かいぎ』やろう！」といっても、みんなが無表情で、うつむいていて、緊張気味だったら、「罰ゲームか！」と思いますよね 😬 。ぜひ、楽しそうなムードを演出して、子どもたちが話しやすい状態を作ってあげてください。

これら5つの項目は重なる部分もありますが、相互に関係していて、人間でいうと、肩を組んでいるような感じ。全部を実現するのが難しいと思われる方は、まずは1つか2つ、少しずつ自分にできることにトライしてみてはいかがでしょうか。

8 話の「聴き方」3つのポイント

　ファシリテーション・スリートップの2つ目が、話の聴き方。この項では、映画で素晴らしいファシリテーションを披露してくれたカッキー先生から教わったことをアレンジした「心理的安全性を高める3つの話の聴き方」をご紹介します。

◎ 心理的安全性を高める3つの話の聴き方

1 相手の言葉を否定しない

2 最後まで聴く

3 反応が分かるように聴く

1　相手の言葉を否定しない

　もし、あなたが次のように言われたらどう思われるでしょうか？「その話、つまんない」「ぜんっぜん、そう思わないけど！」「いや、でもね…」とかとか。「鋼のメンタル」でない限り、グサグサグサ、と見えないナイフで刺される感覚になり、話を続けるモチベーションがなくなってしまうのではないでしょうか。それは、言葉のやりとりを経験し始めたばかりの子どもも同じです。

　子どもの話を聴くときには、どんな発言も否定せず、どんな意見も肯定し、ハグするように、すべてを受け止めてあげることが、「かいぎ」の大前提になります。きっと、大人が聞くと退屈なことも、くだらなく聞こえてしまうことも、「さっき聞いたばかりなのにまた繰り返しているなぁ」と思うことも 😄、うまく言葉にならなくてもどかしいことも……満載だと思います。でも、気に留めていただきたいのは、相手の言葉は絶対に否定しないこと。ここ、テストに出ますよ〜 ☆。

2 最後まで聴く

　すごく基本的で当たり前なことでありながら、実はなかなかできていない、という方もいらっしゃるのではないでしょうか？実は僕も、よーくやっちゃいます（！）。これ、**明確に認知しておかないと、意外に「でもさぁ……」と途中で話を切ってしまったり、自分の意見を挟んでしまったりすることは、きっと「あるある」**だと思うんです。

　大人同士の会話でも「結局、何が言いたいの？」と、途中で武士のようにバッサリ話を斬られてしまった苦い記憶は、誰にでもあるんじゃないでしょうか。これでは「心理的安全性」が確保できませんよね。これを、自分のビジョンを伝えることを学んでいる途中の子どもにやってしまうと、「『こどもかいぎ』って面白くない！」と思われる可能性が出てきてしまいます。

　言葉で表現することに慣れていない子どもの話を最後まで聴き切ることは、時に忍耐を要することもあります。しかし、子どもにとっては「最後までちゃんと聴いてくれた」という経験を積み重ねていくことが「自分の意見を言ってもいいんだ」という、対話への肯定的な気持ちを生み出すだけでなく、自己肯定感の高まりにも影響するんです。

　子どもが言語化しようとしている時間は、いわば「ことばの陣痛」のようなもの。子どもが自分なりに考えて、言葉に変換するための時間を、じっくり待つように心がけたいものです（とはいえ、状況的に難しいことも多々あり得ますが！）。

　子どもが語っていることを、自分の視点から捉えているだけでは、それがどのような意味があるのかを感じ取れないこともありえます。時に、相手の内側に入り込んで、世界観を想像して、その子にピントを合わせようとすることが、どんなことでも話せる雰囲気や場作りに進展していきます。

　ポイントは、相手の世界に好奇心を持って、「共感的に聴く」こと。子どもが言葉にしようとしている感情を「理解しようとしながら」聴く。分からなければ分からないほど、「分かろう分かろうと思いながら」聴く。どうしても沈黙が気になるときは…心の中で「ハッピーバースデー」を歌って待ちましょう！

▶3 反応が分かるように聴く

　もし相手が、笑顔で、うなずきながら聴いてくれたり、テンション高めにリアクションしてくれたら、話しやすいと思いませんか？「聴いてくれているな」ということが明確に伝わりますよね。特に表情は大事ですね。話しやすい雰囲気作りのためには、「反応が分かるように聴く」というのはすごく大切かなと思っています。それぞれ解説していきます。

●口角を上げて笑顔で

　話す子の目を見て、ニコニコと口角を上げて、笑顔で聴くことは、当然、子どもにとって話がしやすい環境になります。「カオス状態」になったりして「うまく回せていないかも……」と感じている時こそ、口角を上げてルンルンでいきましょう。

●うなずく

　子どもに伝わるように、「あえて」頭を上下させることによって、「分かってもらえている」という実感を提供することができます。

●おうむ返し

　子どもが使った言葉を自分なりの解釈を加えずに、「あえてそのまま」同じ言葉で繰り返しましょう。内容の再確認ができると同時に、「ちゃんと伝わっている」という安心感を子どもに与えることができます。

●テンション高めにリアクションする

　子どもたちの発言に対して、「ああ！なるほど！そういうことか！」「いいね！」「え!?それってどういうこと!?」など、時におおげさなくらいにリアクションをすると、子どもたちに楽しい雰囲気を示し、「かいぎ」が活発になることもあります。

●内容を確認する

　場合によっては、子どもが伝えようとしていることが、大人には分かりにくいこともありますよね。その場合は、「こういうこと？」「これで合ってるかな？」と相手に確認を取ると、安心感が増すこともあるようです。

●祝福する・ほめる

　誰でも、ほめられると嬉しいものですよね（僕も大好物！）。発言内容をはじめ、発言そのものができたこと、最後まで聴けたこと、座っていられたことなど、小さなことも見つけて祝福してあげると、楽しい雰囲気作りにつながります。

●お礼を言う

　一つひとつの発言に「教えてくれてありがとうね」「お話してくれて嬉しいなぁ」など、前向きな気持ちを伝えると、子どもたちの話したい意欲が高まります。

　「心理的安全性を高める話の聴き方」について共有させていただきましたが、**覚えていただきたいのは、「心理的安全性はリーダーによってもたらされる」ということ**です。子どもが作るんじゃないんです。ちょっと厳しいようですが、皆さんの話の聴き方が、心理的安全性を提供する、ということは頭に入れておいてください。

　ちなみにこの話を講演会でしますと、急に露骨に笑顔を見せてくれたり😆、大きくうなずき始める人がいて抱きしめたくなります。でも、それでいいんです！学んだことをすぐに実践する、というのは自分のものにする秘訣の一つですよね。

　子どもの声を聴いた大人達がどのような反応するか、自然と子どもは学んでいきます。子どもが口角を上げて人の話を聴けるようになるのか、しっかりとうなずいて相手に心理的安全性を提供できるようになるのか、僕たち大人の姿から真似ていきます。

その他、以下のような聴き方の技術がありますが、ここまで行けると「匠のファシリテーション」といえるのではないでしょうか。ご参考まで！

●言葉を拾う

子どもから出てくる言葉は、確信があるものばかりではありません。なかには、ポロっと出た何気ない言葉の中に、様々な意味がぎっしりと詰まっていることも。きちんとした内容に聴こえなかったとしても、小さな声を掘り下げ、場合によっては、一緒に言葉をつむいであげることにも価値がありそうです。

●言葉になっていないサインをキャッチする

語られたことだけに目を向けていると、言葉になりにくい気持ちや「ゆらぎ」を逃してしまうこともありえます。表面的な内容だけでなく、表情、身体の動き、場合によっては、聴いている子の仕草など、その場にふわふわと浮かんでいる「非言語のメッセージ」にも焦点を当ててみると、様々な解釈が生まれてくるかもしません。

9 質問の仕方
パス出しテクニック

　ファシリテーション・スリートップの最後が、質問の仕方です。つまり、**サッカーで言うところのパス出し。いかにして子どもにゴールを決めてもらうか、様々な「ワザ」があります**のでご紹介します。

1 「クローズド・クエスチョン」と「オープン・クエスチョン」を使い分ける

　質問には主に、「はい」または「いいえ」の2択で回答する「クローズド・クエスチョン」と自由に回答する「オープン・クエスチョン」の2つの形式があります。
　「A」または「B」で返せる「クローズド・クエスチョン」のほうがファシリテーター初心者、まだ発言に慣れていない子どもにはやりやすいかもしれません。一方、**自分の気持ちや考えを自由に表現する「オープン・クエスチョン」のほうが、思考が海のように広がっていく**傾向があります。

2 クイズやゲーム形式を活用する

　子どもはクイズやゲームが好きなので、話す内容をクイズやゲーム形式にしたりすると、子どもが興味を持ってくれやすくなります。

●みんなはどう思ってるのかな？ゲーム

　「給食どうだった？」「もうじき運動会だけど、運動会のことをみんなどう思ってるの？」など、答えやすい身近な質問を投げかけて、発言しやすいムードを作ります。また逆に、子どもたちが不思議に感じている疑問を自由に投げかけてもらいます。

●質問ゲーム

　回答者と質問者に分かれて、好きな食べ物、好きな色、朝ご飯に食べたもの、住んでいるところなど、返答しやすい質問を投げ合います。

●どっちにする？ゲーム

「馬と牛、どっちが好き？」「山と海、どっちがいい？」など、解答しやすい2択質問から選んでもらうのは、申し分ないウォーミングアップにもなりますし、理由を「なぜなら〜」で始めてもらうと、論理的な思考が身に付きやすくもなります。

出典：「ことばキャンプ®」さんの手法を参考にさせていただきました！
https://kotobacamp.com/whats-2/

3 ぬいぐるみパス

ぬいぐるみを用意し、パスをして受け取った人が話す形式にすると、話しやすくなる場合があるようです。先の「みんなはどう思ってるのかな？ゲーム」などと合わせるとさらに効果的かも。ボールなど他のものでも代用可です。

4 相談してみる

「みんなに聴いてみたいと思っていたことがあるんだけど」「いつも疑問に思っていたんだけどさ……」など、ファシリテーターが子どもたちに「相談」するようなスタンスにしてみると、「先生の役に立ちたい」という優しい気持ちから話し始めてくれることもあるようです。

5 他の子にも質問を振る

ファシリテーターと発言する子のラリーが続いてしまうと、他の子どもたちが置いてきぼりになる可能性もありますので、合間に「〇〇ちゃんはどう思う？」など、同じ質問を周りに投げかけてみると、みんなが参加しやすいオーラを作ることができます。

また、ある子からなかなか発言が出てこないとき、許可をもらった上で、他の子に先に聞いてみる、というのも一つです。他の子の発言を聞いて頭が回転し、言葉が降りてくることはよくあります。

6 ▶ 続きを聴く

　「それでそれで？」というのは、実は子どもから話を引き出すときに、**超使える**
キーワードです。こちらの関心を表明するだけでなく、子どもに話すモチベーショ
ンを与えることができます。

7 ▶ 理由を聴く

　なぜそう思ったのか、理由や背景を聴くことによって、思考を探求することにつな
がります。ただ、「なんで？」という言葉は、責められているように感じる場合があ
りうるので、**「いいね〜！どうしてそう思ったの？」**など、**共感や賞賛の後につなげ**
ると、子どもの心の深い部分に入っていく可能性が高まるかもしれません。

8 ▶ あえて反論する

　「本当に？」「そうかなあ？」「逆の場合はどうかな？」など、あえて反論すること
で、さらに思考を深められる場合もあります。ただ、気を付けないと、「自分は受け
入れられていない」と思われて、話す意欲が下がってしまうこともありうるので、こ
れも**「なるほどね」**とか**「面白い意見だね」**など**共感となるプラスの言葉とセット**
で伝える必要があります。

9 ▶ 追い質問をする

「例えば、どういうことかな？」
「もし〜だったらどうかな？」
「こういう場合はどうなるかな？」
「ＡとＢだったらどっち（が良い、好き）かな？」
「じゃあ、これはどうかな？」
など、発言の内容に近い「追い質問」を投げかけると、深掘りできる場合もありま
す。

10 子どもから言葉があふれる「3D」とは？

子どもたちが「こどもかいぎ」を楽しみ、発言を促すファシリテーションの方法をお伝えしてきましたが、**「ちょっとずるい裏技」もご紹介**します。言葉尻が理想的ではないので「ショートカット」とでもしておきましょう 😊。

「言葉があふれる会話の3D」です。一つの考え方として、ぜひご参考ください。

1 Daily…日常の話題

ちょっと哲学的だったり、自然科学的なトピックは、子どもたちの思考と発想が深まるため、とってもオススメですが、現実的に、子どもたちの理解の範囲を考えると、やっぱり日常に根ざした「デイリー」なトピックのほうが話しやすいようです。

2 Daisuki…好きなこと

次の「D」は「Daisuki」。ちょっと無理矢理ではありますが 😁、どうぞお許しください。自分の好きなことは、大人もそうですが、やっぱり誰もが聞いてほしいし、アイデアが無尽蔵に出やすくなりますよね。好きな絵本やアニメ、キャラクターなどの他、ドレスやおしゃれが好きな子もいれば、乗り物や生き物が好きな子もいますよね。好きなことは口から言葉があふれます。

そんななか、**ぜひ子どもたちに聞いてみていただきたいのが、「みんなの宝物って何？」という質問**。「好きなこと」とは異なり、「宝物」という言葉には、独特なファンタジー要素というか、ワクワク感が含まれます。子どもの「宝物」に対する理解と感覚は、大人とまたちょっと違うところがあって、「光るペン！」と言う子もいれば、「うーん……ベッド！」と、大人だったら宝物認定するかな？という言葉も出てきたり、「えっとねー、サバ！」なんてずっこけちゃうような意見も聞かれれば、「そのままのママ"♡"」な〜んて、ギュッと抱きしめたくなるような発言をしてくれる子もいて、と〜っても胸キュンで面白いですよ。

3 ▶ Disclosure…自己開示

　対話においては、まず相手が言っていることをしっかり聴く、ということが先決で、これがベースになるのは間違いないのですが、**子ども側からうまく言葉が出ないときに覚えておいてほしいテクニックの一つが「自己開示」**。

　繰り返し質問を投げかけていると、時に子どもたちにとっては「尋問」のように感じて戸惑ってしまうことがあったり、大人よりも思考回路がスピーディに動かず、考えているうちに言葉をせっつかれてしまう、という状況もありうるようです。

　ファシリテーターのNG事項にもありますが（119ページで解説します）、基本的に「大人は話しすぎないようにする」ことは重要です。ただ、**もし、子どもから言葉がなかなか出てこないなぁ、と感じられたら、大人側から先に、自分の考えや経験を（あまり長くなりすぎないように）簡単に述べると、それが呼び水となって、子どもたちがぽろぽろと話してくれることが多々ある**ように思います。

　これは、園の子どもだけでなく、我が子にも有用な場面が多いなと個人的体験で思います。

映画『こどもかいぎ』より

11 こどもかいぎを 子どもたちに説明する方法

さて、いよいよ「こどもかいぎ」を始めましょう！

とはいっても、子どもも何をしていいのか、よく分からないですよね。そういうときはだいたい、「分かんな～い」と言いながら、鼻をほじられてしまいます 😀 。どのように説明をすれば、子どもたちはしっかりと理解してくれて、「やるやる～！」と好奇心を抱いてくれるでしょうか。

また、子どもたちの好きなようにやってほしい、という気持ちもありますが、現実的に、<u>ルールなき「かいぎ」はカオス</u>です 😀 。「自由の中にある規律」ともいえるかもしれません。あくまで参考になりますが、会話形式でお伝えしますね。

「こどもかいぎ」を説明しよう！

先　生：ねえねえ、みんな、「こどもかいぎ」っていう遊び、やってみない？

　　　　※「楽しそう」と思ってもらえるように「遊び」と表現するのも一つです。

子ども：「こどもかいぎ」って何それ？美味しいの！？

先　生：ううん。「こどもかいぎ」って食べるものじゃないんだ～。

子ども：わたし、「かいぎ」知ってるよ。パパがよく家でやってる。

　　　　※コロナ禍でオンライン会議をしている姿を見たことがあり、「大人のやるもの」という認識のあるお子さんも多いようです。

先　生：そうそう。どんなことやってた？

子ども：え、パソコンに向かってなんか話してた。

先　生：そうそう。パソコンは使わないんだけどね。「こどもかいぎ」がどういうものかっていうと、みんなでおしゃべりすること。

子ども：おしゃべり？

先　生：うん。「夏休みどこ行きたい？」とか「嫌いな食べ物は何？」とか。

子ども：ピーマン嫌い！

子ども：ぼく、卵アレルギーだよ！

先　生：そうそう。そういうこととか、「みんなが好きなもの〜」とか、「運動会でどんなことやりたい〜？」とか、そういう楽しいことを、みんなでお話し合いするっていうゲームです。どう？やってみない？

※「遊び」という言い方と同じく、「ゲーム」と言い換えても良いかもしれません。実際には「知的ゲーム」という側面もありますので。

子ども：やるやるー！

子ども：運動会でリレーやりたい！

先　生：オッケー！やろうやろう！いえーい！

子ども：今日、目玉焼き食べたー。

先　生：「こどもかいぎ」ではね、何でも自由に話して良いんだよ。何を言っても、先生は怒ったりしないから安心してね。

子ども：うん。

子ども：○んこー！

先　生：はは。そうね。

※こういう「試し行動」も考えられますが 😄、ここで叱ったりネガティブな反応をしないことが大事です。軽く受け止めて、いなすイメージで。

先　生：それとね、みんなの前でお話しすることが苦手だったり、うまく言えなかったりした時は、無理にお話ししなくてもいいからね。「かいぎ」が終わった後でも、いつでも先生、お話を聴くから言ってね。

子ども：うん。

先　生：あとね、やりたくなかったらやらなくていいし、やめたかったら、先生に言って抜けてもいいからね。

子ども：うん。

子ども：俺やらなーい。

※……と言ってどこかに行ってしまい、その後にまた2人ほど「俺もー」と言って抜けてしまうこともあるかもしれませんが、ひるまずに続けます！

先　生：それでね、みんなが楽しめるために、「こどもかいぎ」をやるときに守ってほしい「お約束」っていうものを作ったんだ〜。

子ども：おやくそく？

先　生：うん。そう。まず、お話ししている間は、椅子から離れないようにしようね、っていうこと。できるかな〜？

子ども：うん。できるよー。

先　生：あと、次、とっても大事ね。お友達のお話を馬鹿にしたり、誰かが
　　　　嫌がるようなチクチク言葉は言わないようにしようね、っていうこ
　　　　と。みんなもいじわるなこと言われたらさみしいでしょ？

子ども：うん。やだー。

先　生：そういうのはやめようねっていうこと。オッケー？

子ども：うん、オッケー。

　　　　※一方的に話すのではなく、質問を混ぜて対話形式で進めるのがオススメです。

先　生：それと次、最後ね。お友達がお話をしている時は、おしまいまで聴
　　　　こうね、っていうこと。みんな、できるかな〜？

子ども：うん！できるー！

　　　　※「おやくそく」が多すぎると覚えきれないし、つまらなくも感じられてしま
　　　　うので、ここでは3つくらいにしておくのもやり方の一つかもしれません。

先　生：じゃあ、くりかえすね。「こどもかいぎ」は、みんなでおしゃべり
　　　　するゲームです。何でも自由に話していいです。無理にお話しし
　　　　くてもいいです。後でお話ししてくれても大丈夫です。分かった？

　　　　※すぐ忘れてしまうものなので、復習すると記憶に刻みやすくなります。

先　生：さあ、「こどもかいぎ」には、守ってほしい「お約束」っていうも
　　　　のがあったけど、何だったか覚えてる？

　　　　※クイズ形式にすることで、楽しく思い出してもらいつつ、やりとりの慣らし
　　　　運転ができるといいですね。

子ども：「こどもかいぎ」のときは椅子に座ってる！

先　生：そう！すごい！あとは？

子ども：わるぐち言わない。

先　生：そうだったね！よく覚えてるね！あともう一個！

子ども：鼻くそ食べない！（みんな爆笑）

先　生：はは。そうね。

子ども：最後まできく！

先　生：素晴らしい！完璧！じゃあ、もうみんな、「こどもかいぎ」できる
　　　　ね！やってみたい人〜！？（と言って手を挙げる）

子ども：は〜い！（と言ってみんな手を挙げる）

な〜んていう感じではいかがでしょうか？あまり多いと忘れてしまうので、少しずつ説明したり、このうちのいくつかに絞ってもOKですし、堅苦しさを感じさせないよう、特にルールを通知しないで始めるやり方もアリです。

また、大人同士でやってみせたり、子どもたちが丸くなって座って話しているイラストを準備したり、映画『こどもかいぎ』の映像などを見せてあげると、より感覚的に分かりやすくなると思います。

まずはあまり過度な期待をせず、数分でも良いので、参加できたみんなが「楽しかった！」という感想を持ってもらうところから始めてみてはいかがでしょうか？

説明ショートバージョンも以下にご紹介します。

例：「みんなでこれから『こどもかいぎ』をやりたいんだけど、みんな、『かいぎ』って何をするか知ってる？」→（子どもの意見を聞く）→「『こどもかいぎ』というのは、先生がこういうことお話ししようねーってみんなに言うから、みんなは思ったことを自由にお話ししたり、みんなのお話を聴いたりする時間です。」

INFO

ファシリテーターが子どもたちに「こどもかいぎ」の説明をしている1分の映像を用意してありますので、ぜひご参考ください。
▼『こどもかいぎ』の説明の仕方
https://youtu.be/9j9T31IGGVU

12 始め方の10ステップ

「こどもかいぎ」を始める際は、次のような順番で進めるとスムーズです。

順番は厳密でなくても良く、入れ替わっても大丈夫ですし、①～⑨を省いて、⑩だけでもOKだと思います。

① まず、丸く並べた椅子に座る

② ファシリテーターが挨拶をする

③ 参加者一人ひとりに声をかける

④ 「こどもかいぎ」とは何かを説明する

⑤ 「こどもかいぎ」を宣言する

⑥ 参加者の名前を紹介する

⑦ 声がきちんと聴こえているかを確認する

⑧ ちょっとしたアイスブレイクがあると始めやすいかも

⑨ 注意事項やルールについて簡単に伝える

⑩ 実際に話し合うトピックを投げかけて、「かいぎ」スタート！

INFO

「こどもかいぎ」の始め方を説明している約1分間の映像を用意してありますので、ぜひご参考ください。

▼『こどもかいぎ』の始め方例

https://youtu.be/tbeXzLSCyPk

13 終わり方の5ステップ

　「こどもかいぎ」を終えるときは以下のように展開すると、次への意欲につながると考えています。

> ❶　「終了予告」をしましょう
>
> ❷　感想を聴いて、花丸コメントを！
>
> ❸　まとめ
>
> ❹　終了後の受け皿
>
> ❺　終了の儀式

▶1　「終了予告」をしましょう

　たいていの場合、子どもたちは「こどもかいぎ」を楽しんでいますから、終了をイヤがります。そこで、終了の時間が近づいてきたら、「じゃあ、最後にこれを聴いて終わりにしようかな」「最後は◯◯ちゃんに聴いて終わりだね」などと伝えて「終了予告」をすると、気持ちの準備ができて終えやすいようです。

▶2　感想を聴いて、花丸コメントを！

　最後に子どもたち全員に振り返ってもらって、「今日は、どんなところが面白かった？」「誰の・どんなお話が楽しかった？」など、感想を聴いてみてください。

　その際に、一人ひとりの発言や聴き方、取り組み方など、「◯◯って言ってたのはすごく良かったねぇ～！」、「（積極的な発言がなかった子にも）ずっとお友達の話を聴いていて偉かったねぇ～」など、ポジティブな点に「花丸コメント」を添えると、自己肯定感も高まり、「楽しかった」と思ってもらえる確率が高まるかもしれません。

また、**子ども同士で「花丸コメント」をあげあうと、子どもたちの気付きも増え、受け取った子たちの嬉しい気持ちも倍に**なると思います。

何ごともそうですが、「終わりよければすべて良し」とも言えます。**「うまく話せなかった」と思っている子にもファシリテーターからの「花丸コメント」があることによって、「小さな成功体験」**となりえます。

▶3 まとめ

今日はどのような話をしたのか、簡単に振り返ってみるのもオススメです。

▶4 終了後の受け皿

「かいぎ」の場でお話しすることが苦手だったり、うまく言えなかったりすることもあると思いますので、**「『かいぎ』が終わった後でも、いつでもお話を聴くから言ってね」**と言っておくと、子どもたちは安心すると思います。

▶5 終了の儀式

最後は少し儀式的ではありますが、映画のように皆で**「これで『こどもかいぎ』を終わります。ありがとうございました！また話そうね！バイバ～イ！」**などと声を揃えると、気持ち良く終えられるようです。

INFO

「こどもかいぎ」の終わり方を説明している約1分間の映像を用意してありますので、ぜひご参考ください。
▼『こどもかいぎ』の終わり方例
https://youtu.be/CoQ3MB9OGto

対話が苦手な僕が映画『こどもかいぎ』を作ったワケ

　僕らが映画『こどもかいぎ』を作った理由は、一言で言うと、**「とにかく子どもが大好きだから！」に尽きる**と思います。

　とにかくその存在自体がかわいいのはもちろんのこと、**大人にはない発想で笑わせてくれて、癒しのパワーたるや神レベル**。ケンカをしてもすぐ仲直りできるし（大人は意見をぶつけ合うことさえできないのに！）、**空き箱一個、新聞紙1枚あったら、それを遊びに変換できる天才**（大人は自分の状況を嘆いてばかり？）。**「いまを生きる」ことに全力投球**で、あの方々の世界には差別もなければ偏見もない……って考えたら、すんごく魅力的で、尊い人たちだなと思うんです。もうね、「ファンです〜！」って色紙を持って叫びたいくらい😊。

　特に僕は子どもの言い間違いが、何杯でもご飯を食べられるくらいに大好物。**「エレベーター」を「エベレーター」、「お魚」を「おしゃかな」**、な〜んてラブリーすぎでしょ！**「とうもころし」なんて歴史に残る名作**ですよね。**「ブロッコリー」を「ブロッコロリ」、「たくさん」**という意味で**「おもちゃ『大盛り』」**と言っちゃう子なんて、将来有望だなぁとマジで思います。

　中一になった我が娘も、小さいときは「つくる」が言えなくて「くつる」、「ビュッフェ」を「ブッシェ」と言ってたんですが、スイートすぎて全く訂正しませんでした。**愛娘の最高傑作は「潮干狩り」と言うつもりの「ひろし狩り」**です😆。「パパー！"ひろし狩り"にいこうよ！」とレストランで駄々をこねられた日にゃあ、周りのお客さんにどう説明しようかと参りましたよ。「ビー・バップ・ハイスクール」か！（年代がバレてしまいますね）

　いやぁ、子どもってサイコー！ですよね！今では未就学児を見ると、我が娘が小さかった頃を思い出したりして、「この子たちが幸せに育ちますように！」と胸キュンで祈っています（あの頃に戻ってくれないかなぁ！）。

こういう、まだ地に足がついていない「宇宙人」みたいなところから、徐々に「人間」になっていく、この時期にしか見られないピュアさ、かわいらしさ、面白さ、一生懸命さ、そういった子どもたちの魅力を映像に残せないかなぁ、と思ったのが映画作りのきっかけです。

当時5歳だった娘の「不可思議な行動」を、理由も聞かずに叱ってしまったことがあって、実はそれは僕の役に立とうとしてくれた行動だったとあとで知った出来事があり、それも大きかったです。**子どもの言動には、子どもなりの背景がある**んだ、と頭をガツンと殴られた衝撃でした。

そんな娘とうまく考えを共有できない時期があったことも、後押しになった気がします。「保育園どうだった〜？」と聞いても、「普通」「うん、面白かった」みたいな「返答例」ばかり。**大人と子どものコミュニケーションは方程式が違うということは分かったのだけれど、どういう計算式で解けば良いのか分からない**……。「対話って何だろう？」と深く考えさせられました。

思えば、僕自身、昔から対話とか会議とかが苦手で、「そういうつもりで言ったんじゃないんだけどな……」「なんでうまく伝わらないんだろう？」「ああ言っておけば良かったなぁ……」なぁんていう黒歴史のオンパレード。**人間関係にいつも課題を抱えていたけれど、僕は僕で人とつながりたい気持ちは強い。どうしたらいいんだろう？積年の悩み**でした。

「対話」というテーマは、最初から見えていたわけではありません。海外の子どもたちがダイアローグによって自らの力を伸ばしていた姿を見ていたこともあり、当時から対話活動をしていた、横浜市のりんごの木さんや町田市のしぜんの国保育園さんを見学させていただき、子どもたちがイキイキと発言している様子を見て、「日本でもいけるかも！」と思ったことも動力源の一つです。

こういったいろいろな背景やきっかけが、お好み焼きのようにごちゃごちゃに混ざって出来上がったのが、『こどもかいぎ』という映画です。

14 振り返りでアップデート！

終了後にレビューをすると、さらにファシリテーション力が高まっていきます。

◎ 「こどもかいぎ」で大切にしたい３つの基礎

1 【聴く】…参加した全員が、しっかり話を「聴く」こと

2 【発言する】…できる限り、参加者全員に「発言する」機会を作ること

3 【尊重される】…話さない子の存在も「尊重」されること

この３つの基礎が実現できたでしょうか？

- 「場作り」のコツ
- S・M・I・L・E（スマイル）
- 話の「聴き方」３つのポイント
- ファシリテーターの７つの役割

これらも実践できたでしょうか？その他、

- どんな発言があったのか
- まんべんなく話を振れたか
- 子どもたちのどんな成長を実感できたのか

などなど、良かったところや検討事項についても考えてみるといいですね。「反省しすぎない」ことも鍵になります。「うまくできなかった」ことよりも、「うまくできたこと」に注目して、自分をほめて、周りに支えてもらいながら、ぜひ、「こどもかいぎ」を続けていただければと願っています！

　子どもたちのファシリテーションは正直、簡単なものではありません。だからこそ、やればやるほど、ご自分のコミュニケーションやファシリテーションに関するスキルは向上していきます。「あまりうまくできなかったな……」と思ったときは、そのモヤモヤした気持ちを「お土産」として持ち帰りつつ、ぜひ、「自分は子どものようにまだまだ伸びるのであ〜る！」と心の中で叫んでみてください。☺

映画『こどもかいぎ』より

15 一人で抱え込まないで！

　ファシリテーターは、子どもの対話の場を作るという、楽しくも、責任のある役割を担いますので、人知れず、孤立した気持ちになることがあるかもしれません。

　その場合はまず、**周りの人たちに話を聴いてもらって**ください。どういうところがうまくいかないのか、何に悩んでいるのか、実は○○くん、○○ちゃんの態度に困っている…など、**気持ちを吐き出すことで、明日へのエネルギー**になります。

　また、「かいぎ」は基本的には一人で運営できますが、常に一人でファシリテーションをしていると、自分の進行の「癖」に気付きにくいもの。**もし余裕があれば、同じくファシリテーションの知識がある人に「相方」になってもらうのもオススメ**です。進行の手助けをしてもらったり、**良かった点や課題を一緒に振り返ったりでき**ると、お互いのスキルアップが図れるだけでなく、**孤立防止**になるかもしれません。

　自分が期待するようにはできなかったとしても、落ち込む必要はありません。**完璧にこなすことよりも、子どもたちが言葉のやりとりを楽しみ、笑顔を見せてくれたことのほうが大切！「こどもかいぎ」はあなたのステキな笑顔と共にあります！**

※参考までに、どのようなファシリテーションができたのか、今後、どのように発展していけるのかを振り返っていただけるよう、チェックシートを作りました。もしよろしければ、下記のリンクよりダウンロードしてお使いください。

INFO

▼ファシリテーションチェックシート
https://www.umareru.jp/kodomokaigi/
manual/facili_chksheet.zip

16 「会話」と「対話」の違い、認識していますか?

　対話活動を進めていく上で、実は鍵になるのは、場を提供する大人側が「会話と対話の違い」をちゃんと理解しておくことかも、と思っています。というのも、この違いがごっちゃになっちゃっていると、「言葉を交わしているつもりでも、子どもたちの本音を聞き出せていない」ということが意外にあるからです。

　辞書で意味を調べると、いずれも「向かいあって話しあうこと。また、その話のやりとり」としか出てきませんが、僕個人の解釈では

> 会話…情報と感情の交換作業
> 対話…思考と思想の交換作業

です。例えば、「今日は保育園で鬼ごっこをやって、楽しかった」というのは、前半は「情報」、後半は「感情」です。「給食にうどんが出て(情報)、美味しかった(感情)」というのも同じ。
　このような言葉のやりとりは、僕の定義では「情報と感情」の交換作業なので、「会話」です。

　「会話」は手軽であるため、知らない人同士をつなげたり、関係性のキャッチアップに向いています。一方、話している側の考えや感じているところまでは踏み込んでいないため、関係性を深めたり、お互いの思想探求に連動しにくいようにも思えます。

　先ほどの「今日は保育園で鬼ごっこをやって(情報)、楽しかった(感情)」を「対話」に押し上げるには、例えば、「どんなところが楽しかったの?」「なんでそれが楽しいと思ったの?」という質問をすると、「う〜ん、追いかけられているとワクワクするから」「みんなで一緒に逃げていると楽しい」などの思考に到達します。いわ

ば、「あなたはどう思う？」「どう考えている？」という問いに対する見解を引き出すこと。「私はこう思うんだ」という思考には、必ず根っこの部分に、その人の世界観とか哲学とか思想があります。そこまで引き出せることが「対話」と言えるのではないかなぁと個人的に思っています。

どちらかと言うと、「会話」は浅くてライト。「対話」はより深くて、時にヘビー。海遊びで例えると、「会話」は浅瀬でパチャパチャとシュノーケリング、「対話」は潜ってダイビング、のようなイメージです。伝わりますでしょうか？

今回、映画『こどもかいぎ』で子どもたちが話す姿を見て、子どもは周りの子たちと、気持ちだけでなく、自らの考えていることや、「ちっちゃな哲学」のキャッチボールをしているんだなぁと感じました。

「こどもかいぎ」では、「会話」でスタートしつつ、「対話」にまで引き上げていけると、子どもたちの心の「現在地」が分かるようになりますし、新しいアイデアが生まれたり、価値観を形作る手助けになったりするんじゃないかなぁと思っています。

教育学者の汐見稔幸先生と「こどもかいぎ」について対談した時に「ファシリテーションをする人は、対話という言葉を軽々しく使わないほうがいい」とおっしゃっていましたが、それは「会話レベル」で終わっているような内容で、「対話をしている」と満足してしまわないように、子どものことを知ったつもりにならないよう慎重にね、という意味かなと僕なりに解釈しました。

そう考えると、子どもたちや同僚だけでなく、家族やパートナーなど、身近な人と、意外に「対話」をしていないことに気付きませんか？もしかしたら、すれ違いが生じたり、関係性が芳しくなくなる根底の一つに、「会話はしていても、実は対話はしていない」ということもあるのかもしれません。怖いですね〜（!!）。ちょっとホラー映画のような展開になってきたので、この章はこの辺りで終えることにしますわっ。

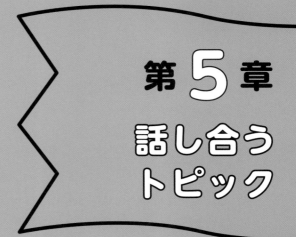

第5章
話し合う
トピック

あなたが子どもたちから学んだ
最も重要なことは何ですか？

① こどもかいぎの
トピックには5種類ある！

　さて、実際に「こどもかいぎ」では「どのようなことを話したらいいのか？」と迷われる方も多いのではないでしょうか。ここでは、トピックの選び方や各トピックの違いについて、それに伴う「こどもかいぎ」の発展のさせ方についてお届けしていきます。

　ファシリテーターはトピックについて、しっかりと理解しておけるとベストです。なぜなら、**トピックの選び方が着火にも消火にもなる**可能性があるからです。

　まず、トピックには5種類あります。

---

1 デイリー系（Daily）
2 フェイバリット系（Favorite）
3 テーマ系（Theme）
4 イベント系（Event）
5 フィロソフィー系（Philosophy）

　それぞれオーバーラップする部分も多いので、厳密に切り離さなくても良いかと思います。ただ、**単に「話し合い」とは言っても、スポーツで例えるなら、「柔道とサッカーと走り幅跳びくらい違う」**ということを、ファシリテーター側は認識したほうが、子どもたちが話しやすくなるだけでなく、子どもたちの多彩な力を成長させることにも結び付くと思います。

1 ▶ デイリー系（Daily）

日常の出来事について話し合ったり、報告し合う。

（例）・朝ご飯は何を食べた？

・昨日の夜ご飯の時、おうちでどんなお話をした？

・昨日、おうちでどんなことをして遊んだのかな？

・今日、楽しかったことはどんなことがあるかな？

・お休みの時にどんなことをしたのかな？

・お散歩の時に公園にゴミが落ちていたけれど、どう思った？など

\POINT/ **日常にある簡単な出来事の報告からスタート**

　身近な話題はイメージしやすく、子どもたちには話しやすいようです。素朴な話題でも、**お互いの意外な面を知ることができて楽しい**ことも多いですよ。

　ぜひ、出来事を聴くだけではなく、その時の「気持ち」や「考え方」などの質問も投げかけてみてください。子どもたちが感情や思考を表現するきっかけになるだけでなく、**「なんでそう思ったの？」と「理由」を尋ねると、論理的思考の種を植えることになるかも**しれません。

　まだみんなの前で話すことに慣れていないかな、と思われる場合は、まずはこのデイリー系からスタートしてみてはいかがでしょうか？

▶2 フェイバリット系（Favorite）

好きなもの・こと・人・経験について話し合う。

（例）・好きな食べ物・嫌いな食べ物は？

　　　・ママの好きなところは？

　　　・好きな遊びは？

　　　・最近、楽しかったことは？

　　　・これまでもらったプレゼントで一番嬉しかったのは？　など

\POINT/ 好きなものについて話すのはみんな大好き！

　大人もそうですよね〜。趣味について、好きな映画やドラマ、歌手、アイドルなど
など、語り尽くしたいし、いろんな人にその良さを聞いてほしいと思いますよね。今
までの人生で最高だったことや、最近楽しかったことなど、広い意味でフェイバリッ
トな話というのは、<u>自然と頭が回転し、口が滑らかになります</u>。

　また、逆に「嫌いなもの」も場がフィーバーします。意外に子どもたちが嫌がって
いることが分かって、さらに子どもたちの個性が見えてきますよ。

　もう一つ、オススメなのが、「ピグマリオン・ミーティング」というもの。別名、
「ホメホメ大会」。「人の良い点を探して、性格や行動などを具体的にほめること」
です。

　例えば、「◎◎ちゃんは砂で作ったカレーをくれたから優しい」とか「◎◎くんは
鬼ごっこでなかなか捕まらないからすごいと思った」など、**伝える側は人の良い面**
<u>**に気付きやすくなり、伝えられる側は、自分では気付けないプラス面を見つけても**</u>
<u>**らえるだけでなく、自己肯定感も高まる**</u>傾向があります。

　子どもたち同士でほめ合うと、きっと楽しい気持ちになり、精神的にも落ち着くよ
うな気がしませんか？もしかしたら、**これほど心理的安全性を担保できる話題はな**
いかもしれません。もし、ちょっと「荒れ気味」の子がいたら、「ピグマリオン・
ミーティング」、別名、「ホメホメ大会」に取り組んでみるのはいかがでしょうか。

テーマ系（Theme）

先生が設定した、もしくは、子どもたちが話題にしたい内容をもとに話し合う。

（例）・どうしてケンカをするの？

　　　・なぜお母さん・お父さんは怒るの？

　　　・見た夢で覚えていることはある？

　　　・電車・車・バスはどうやって動いているの？

　　　・ニュースで◎◎を見たんだけど、みんな知ってる？など

\POINT/ **なんでもアリ！答えは出なくてもOK！**

　「こどもかいぎ」を実践していると、もしかしたら、子どもたち自身から、分かち合いたいトピックが出てきたり、ファシリテーターも「これ聞いてみたいな」と思うような題材が出てくるかもしれません。

　ぜひ、流れと気持ちを大切に、そのまま続けてください。子どもたちの創造力も夏のヒマワリ畑のように広がり、どんな言葉が飛び出してくるか分からない面白さが出てきますよ。

INFO

　トピックの例題集はウェブに一覧がありますので、もしよろしければこちらからご参考ください。

▼「こどもかいぎ」のトピック

https://www.umareru.jp/kodomokaigi/manual/preparation.php

イベント系（Event）

お散歩や遠足に行く場所、運動会、卒園式など行事の内容を話し合う。

（例）・今日のお散歩はどこに行く？

　　　・運動会で何をやりたい？

　　　・お楽しみ会でどんな劇をやりたい？

　　　・今度の遠足はどこに行きたい？

　　　・卒園式でどんな歌を歌いたい？など

\POINT/ 「答え」を出すこともやってみましょう

　日常のことやなじみのある話題（デイリー系）、自分たちの好きなこと（フェイバリット系）を語り合う楽しさを実感して、子どもたちから話したいトピックが出てくるようになった（テーマ系）後あたりに、イベント系にバージョンアップしてみてはいかがでしょうか。

　「こどもかいぎ」の定義に「答えはなくてよい」というものがありますが、**あえて「答えを決める」タイプのディスカッションをしてみることで、子どもたちの思考にさらなる広がりを持たせられる**かもしれません。

　でも、「遠足に行く場所がゲームセンターになったらどうするのよ！」「お散歩にディズニーランドまで行きたい！なんて言い出したら面倒くさいじゃない！」と心配になる方もいらっしゃると思います。安心してください。すべてを実現させることはありません。**現実的に無理なことは、それこそ子どもたちと対話をして理由を説明すれば良い**と思います。場合によっては「遠足は日帰りできるところね」と「条件」を提示するのも一つです。

　本書内の事例でご紹介した広島の順正寺こども園さんでは、遠足に行く場所について、「こどもかいぎ」を実践したことがありました。初めての試みであったため、特に条件などは付けずに始めたところ、**「富士山」「ゲームセンター」「パパが働いているケーキ屋さん」など、想定外の場所が出すぎて、皆さん「ヤバい！」とハラハラ**したそうです😁。ただ、頭ごなしに否定はせず、ぐっと我慢をして、見守っていきました。

　そうすると、面白いもので、何度か話し合ううちに、女の子がゲームセンターを嫌がったために自然消滅し、30分で行けると思っていた富士山は7時間かかることが分かり、**最終的に、水族館チームとみかん狩りチームの一騎打ち**になりました。決着が付かないため、先生の提案で、それぞれがバッチグーな点をアピールする「プレゼン大会」をすることになったところ、なんと、劣勢だった、みかん狩りチームが3倍の票を獲得して逆転勝利。ギンギラギンな熱気を見せたようです。

　ここに至るまで、保育士さんはファシリテーションをしただけで、直接的な指示をしたわけではありません。でも結果的に心配するようなことは起こりませんでした。お話を聞いていてスゴいなぁと思ったのが、先生方は途中から「もしゲームセンターになったとしても、しっかりと受け入れよう」と覚悟を決められたことです。子どもの声を聴き続ける上で、この「腹をくくる」ということは「子どもを信じる」ということでもあります。

　子どもの可能性を100%、信じる。
　信じるから力を発揮できる。

とも言えないでしょうか？理想主義者の戯言ですが😁。たとえ、決まったことが自分の希望と異なったとしても、どんな方針になっても、子どもたちはきちんと受け入れてくれると思います。**それ以上に、自分の意見を言えたこと、賛成してくれた人がいたこと、自分の意見と異なる方向に決まってしまったことなども、きっとすべてが将来の糧になる**😊。評価すべきことは、決まったことだけではなく、プロセスにもあります。

　世の中には答えを決めなければならなかったり、合意を得なければならないこともありますので、その練習の一つと考えてみてはいかがでしょうか。

5 ▶ フィロソフィー系（Philosophy）

<u>答えの出ない、少し哲学的な要素の入った話題について話し合う。</u>

（例）・なぜ生まれてきたの？

　　　・神様って何だろう？

　　　・好きとか嫌いってどういうこと？

　　　・なぜ雨や雪が降るの？

　　　・お友達ってどういう存在？ など

\POINT/ あえて「必然性」のない話題を

　これはぜひとも皆さんにチャレンジしてみてもらいたい議題です！なぜなら、**必然性のない内容や結論の出にくい哲学的な事柄について意見交換し合うことで、子どもたちの思考が深まり、発想が星空のように広がっていく可能性が飛躍的に高まる**からです。

　「哲学」を辞書で調べると、「世界や人生の究極の根本原理を客観的・理性的に追求する学問」と、えらい小難しく書かれていますが、つまりは<u>「どうして◎なんだろう？」という疑問や、正解のない問いについて、みんなで考えてみる</u>、というくらいでいいんじゃないかと思います（いい加減に聞こえたらごめんなさい）。

　個人的な感覚では、**最も面白くて、ファシリテーターが思わず唸る機会が多いのは、圧倒的にフィロソフィー系**だと思います。僕自身、映画を撮影していて、もっともっと子どもたちの声が聴きたい！と思ったのがこのトピックで、映画『こどもかいぎ』のなかに出てくる「かいぎ」シーンは、ほぼフィロソフィー系です。

　ただ、最初からは難しいので、デイリー系やイベント系など、**ある程度、場数を踏んで、半年くらい経ってから振ってみると、めちゃめちゃ面白い**と思います！

●あえて「必然性」のないコトを話し合うイミ

　もしかしたら、「こどもかいぎ」という活動そのものに疑問を抱いている方のなかには、「子どもたちの活動は子どもから湧き出てくる必然性によるべきだ」という考えの方もいらっしゃるかもしれません。「子どもたちは可能性の塊だから放っておいても伸びるもの」という考え方には、僕も大賛成です。まさにその通りではあるんですが、映画『こどもかいぎ』の撮影を経験して、もしかしたら、そこにこだわりすぎてしまうと、子どもたちの新しい魅力を引き出すチャンスを失ってしまうかもしれないなぁと思うようになりました。

　確かに、「こどもかいぎ」は様々な遊びのように自然発生的に行われるものではなく、いわば、「大人が形を作って提供するもの」なんです。こう聞くと、違和感を覚える方もいらっしゃるかもしれませんが、一方で、**大人が関わることで、子ども自身の力だけでは開かなかった花が咲いていく、という側面もある**ようにも思うのです。

　子どもに演劇をさせることで表現力を伸ばしていったりすることもあると思いますし、お散歩に連れて行くことで、運動能力だけでなく、子どもの世界が広がる手助けにもつながりますよね。これらは皆、「大人が形を作って提供するもの」です。

　大人もそうですよね。自然発生的なものにこだわっていたら、ジムで身体を鍛えることもないでしょうし、健康に気を配ることも、脳トレだと言って、クロスワード・パズルをやることもないでしょう。

　子どものポテンシャルを伸ばしていくには、子どもから自然に生まれてくるものと、大人からはたらきかけるものと両方のハーモニーが必要なのかもしれません。ただ、これは無理にやらせることとは全く違います。「こどもかいぎ」は、基本的にはやりたい人がやるということに重きを置いています。

　半ば、必然性のないことに挑戦することで伸びていくような要素も、人間という生き物にはあると思いませんか？

2 対話における「トピ種」の違いを知っておくこと

　「こどもかいぎ」において「トピックの選定」は過小評価されがちなんですが、実は皆さんが思っている以上に、「かいぎ」の屋台骨になります。

　「こどもかいぎ」で話し合えるトピックには、前述のように主に5種類ありますが、**子どもたちの成熟度によって、話しやすさが変わってくる場合があり、バッチグーではないトピックを選択してしまうと子どもたちにとって「つまらない体験」になる可能性がある**からです。

　例えば、初めて「こどもかいぎ」をするお子さんたちに「どうして人は殺してはいけないんだと思う?」「重い罰にしたら犯罪は減ると思う?」なんていう、ちょっと難しいフィロソフィー系のトピックを投げかけたとしても、それこそ、鼻をほじりながら「わかんな〜い」と言われちゃいます。**包丁を触ったことのない子に、「サバをさばけ」と言うようなもの**です（ダジャレです 😊）。

　最初は日常的で、なじみのあるトピックから始めて、少しずつ複雑な話題にステップ・アップしてもらうと、子どもたちも徐々に慣れていって、楽しめるようになります。

　料理で例えると、**最初は、ゆで卵を作ってみたり、野菜を切るところから始めて、それからカレーや卵焼きや野菜炒めなどに発展**していくほうがいいですよね。そうして**レベルアップしてから、サバをさばく!**（なぜかサバにこだわっている著者）

　トピックの種類に違いがあることをファシリテーター側が認識していないと、もしかしたら、話し合うことの楽しさや意義を子どもたちが感じられずに、フェードアウトしてしまう可能性が出てくるのです。**サバをさばくのは焦らずに。**

3 子どもが「かいぎ」を楽しめるようになる
ホップステップジャンプ！

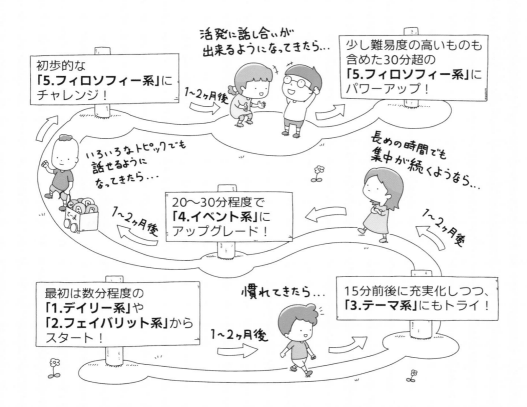

活発に話し合いが出来るようになってきたら…

初歩的な「**5.フィロソフィー系**」にチャレンジ！

1～2ヶ月後

少し難易度の高いものも含めた30分超の「**5.フィロソフィー系**」にパワーアップ！

いろいろなトピックでも話せるようになってきたら…

長めの時間でも集中が続くようなら…

1～2ヶ月後

20～30分程度で「**4.イベント系**」にアップグレード！

1～2ヶ月後

最初は数分程度の「**1.デイリー系**」や「**2.フェイバリット系**」からスタート！

慣れてきたら…

15分前後に充実化しつつ、「**3.テーマ系**」にもトライ！

1～2ヶ月後

　子どもも大人も「こどもかいぎ」を楽しめるようになるには、ステップを踏んだほうが良いという考えがあります。先ほど料理で例えましたが、**いきなり難しいことから始めるよりも、少しずつ段階を踏んだほうが、子どもたちの成長も促せるようになる部分が現実にはある**からです。

　シェイクスピアは次のような言葉を残しています。
　「険しい丘に登るためには、最初にゆっくり歩くことが必要である。」

●まずは「1. デイリー系」や「2. フェイバリット系」から

　まずオススメなのは、「1. デイリー系」や「2. フェイバリット系」。子どもにとって、日常的で、なじみがあり、言葉にしやすいトピックですね。最初から20分とか30分とかやると、どうしても気が散ってしまいますから、まずは数分程度、1人1～2回発言するくらいでも良いと思います。もちろん、まだ慣れていない子も多いでしょうから、話さない子の存在も尊重してあげてください。

　これを1～2ヶ月ほどトライ・アンド・エラーしている間に、自然と「3. テーマ系」に進展してくると思います。話しているうちに子どもたちも疑問が浮かんできたり、話し合いたい話題が出てきたりします。

　そして子どもたちが慣れてきたところで、「4. イベント系」にアップグレードするのはどうでしょうか？子どもたちにはいろいろな催し物がありますが、たいていの場合、大人が決めて、それを子どもたちが言われたようにやる、というのが一般的ですよね。

　でも、もしかしたら、お楽しみ会や演劇にしても、言われたことを、言われたセリフで、言われた動きで「こなす」、ということが合わない子もいるかもしれません。そんなときは、考えを共有し合って内容を決めていくと、子どもたちはそのイベントに主体的に取り組みやすくなるようです。

　実際にイベント系の「かいぎ」をした保育者からは、「子どもたちは何をするにも保育者の許可を取っていた状況でしたが、子どもたちの表情はイキイキとし、行事も『楽しみ』『○○してみたい』など積極的に関わるようになりました。」「保育者が一方的にルールを決めてもなかなか守れなかったことが、自分たちで決めたルールは互いに尊重し守る姿が見られるようになりました。」などのコメントもいただいています。とっても素敵ですよね！

●いつかは「5. フィロソフィー系」に！

　そして**最後の難関が「5. フィロソフィー系」ですが、これはぜひとも皆さんにチャレンジしていただきたい！**です。というのも、前述のように、必然性のないトピックを話し合うと、子どもたちの思考力や発想力がめちゃめちゃ伸びていくからです。「こどもかいぎ」を始めて半年くらい経った頃に、もちろん、子どもたちの年齢及び発達の程度に応じて、ではありますが、少しずつ子どもたちに投げかけてみてはいかがでしょうか。「みんなはどうして生まれてきたの〜？」と……。

　さてさて、どんなご意見を頂戴できますか……。

※こちらに書いたのはあくまでも参考程度のものになりますので、数字に科学的な裏付けはありませんし、これらを考慮せずに独自に展開されても全く構いません。

季節のようにゆっくりと変わっていく
子どもたちの姿を
お楽しみください

　子どもたちは基本的に「対話をすること」は大好きですが、インスタント・ラーメンのように、さくっとは出来上がりません。お子さんによっては、「かいぎ」に慣れるまで時間のかかる「低温調理系」の子も、そもそも得意ではない子もいます。

　活発に言葉を交わせるようになるまで、少なくとも3ヶ月程度、場合によっては半年、1年かかることも考えられます。でも、子どもたちは確実に変わります。

　数回やってみて、「全然話し合えない」「座ってお話なんてやっぱり子どもには無理だった」「私のやり方が悪かったのか……」とは思わないでください。野菜だってフルーツだって、実るまで時間がかかりますよね。自転車や三輪車に乗れるようになるまでとも、ちょっと似ています。最初のうちはうまく漕げなくて、転んだりするかもしれないけれど、だんだんと平衡感覚が養われてきて、たいていのお子さんは、コツをつかんで前に進めるようになっていきますよね。

　必要なのは、機会、時間、ファシリテーション、見守る気持ち。忍耐……。

　ちなみに、映画『こどもかいぎ』のなかでも、「かいぎ」としての何となくの「形」ができるまで半年はかかっていたと思います。

　いきなりクラス全体ではなく、ある程度、うまくいきそうな子どもたちで、少人数から始めてみるのも一つの考え方です。ファシリテーターも早く慣れますし、周りの先生や保護者、そして子ども自身も効果を感じる可能性が高まります。

　まだ言葉を学んでいる真っただ中の子どもたち。場合によっては大人でも難しい「かいぎ」です。**「うまく回っていくまで数ヶ月はかかるかな……」くらいの軽い気持ちでスタートし、ぜひ温かい目で見守りつつ、継続していただけたら**と願っています。

第6章

「こどもかいぎ」
運営のご注意点

あなたの目標は何ですか？

① こどもかいぎの「罠」にご注意

　「こどもかいぎ」は楽しく、有意義なことばかりですが、「光」のあるところには必ず「影」があります。ここらで、「こどもかいぎ」をする上での2つの「罠」について明示したいと思います。

▶ 1 よく話す子が「良い子」にならないように……

　「こどもかいぎ」をやっていくうちに、大人側には「積極的に話せる子が良い子」「あまり話せない子や集中力が続かない子が悪い子」という評価基準が、知らず知らずのうちに形成されてくることがありえます。

　ご存じのように、子どもの発達はカラフルですし、話す子もいれば、聴くほうが得意な子もいますよね。**子どもたちは多様性の宝庫**です。「なんであの子はあれだけしゃべれるのに、この子は話せないんだ」といった、子ども同士を比較するようなことはすべきではないですし、多面的な参加のあり方を根っこに置いた上で、「こどもかいぎ」を実践していただきたいなぁと願っています。

▶ 2 子どもの思いを聴き取れていると勘違いしないように……

　こちらもぜひ、用心いただきたいところ。これは自戒を込めて、ですが、「こどもかいぎ」で**子どもたちの声に耳を傾けている**、とはいっても、それは子どもたちに**広がっている世界のほんの一部に過ぎません。**

　決して、分かったつもりになりすぎず、おごり高ぶることなく（この本を読んでいただいている方にはいらっしゃらないとは思いますが！）、謙虚な姿勢を忘れず、子どもたちの無限の可能性と向き合っていただきたいなぁと願っています。

2 ファシリテーターの 7つのNG対応にご注意

「こどもかいぎ」はファシリテーターの運営方法によって変わってくることがよくあります。シェフによって料理の味が違うのと一緒ですね。それだけに、対話の場を運営するにあたっては、以下のような言動については、ぜひぜひご配慮をお願いします。

1 話しすぎる

2 話を途中で遮る

3 ネガティブなリアクションをする

4 言葉を急かす

5 大きな声で叱る

6 無理に結論を出そうとする

7 「指導」しようとする

1 話しすぎる

「こどもかいぎ」のファシリテーションで最も重大なことは、ズバリ。
ファシリテーターが「しゃべりすぎない」こと！

「かいぎ」のメイン・キャストは、あくまでも子どもです。「言葉があふれる会話の3D」の「Disclosure（自己開示）」（88ページ）で書かせていただいたように、ファシリテーターが自分の体験や考えをシェアすることは、子どもたちにとっては大きな学びにもなりますが、ついつい話しすぎてしまうことがありますので、気をつけていきましょう。

ファシリテーターが話しすぎてはいけない理由は、**子どもたちが話をする時間の総量が減ってしまうことの他、子どもたちが「脇役」になってしまい、主体的になりにくい部分が出てくるから**です。

　また、先生が話す内容が、子どもたちにとっては、「答え」や「正解」のように聞こえてしまう場合もあり、子どもから「考える機会」を奪ってしまうリスクをはらみます。

　大人のほうが、経験や知識が豊富なのは事実。だけど、**大人が一方的に教えるばかりでは、子どもは「ショートカットを求める癖」がついてしまう。疑問を持たなくなってしまう。解決策を生み出そうとしなくなってしまう。**そういった可能性も大人は考えないといけません。「ファシリテーターは30秒以上話さない」など、メドを持っておくと良いかもしれません。

2　話を途中で遮る

　マシンガントークな子がいたり、難しい局面もあると思いますが、なるべく、話を途中で遮らないで、しっかりと聴くよう努めると、子どもたちにとって「こどもかいぎ」は、さらにきらびやかな体験になるかもしれません。

　とはいえ、特定の子の話があまりに長いと、他の子どもたちの注意力が分散してきたり、「こどもかいぎ」が楽しい時間でなくなってしまうことも考えられますので、この場合の対処法については、第8章の「こどもかいぎQ&A」（148ページ以降）をご参考ください！

3 ネガティブなリアクションをする

こちらも第4章の「話の「聴き方」3つのポイント」（79ページ）で「1. 相手の言葉を否定しない」と書かせていただきましたが、**「なるほど」「いいね」「そうなんだ」などと、まずは共感的に受け止めて**あげてください。

また、例えば、一部の子どもが理想とかけ離れた展開を見せたとき、「○○さんは話しすぎているから他のお友達の話も聴こうね」「少し静かにしててもらえる？」「なんで座っていられないの？」「どうして話せないの？」といった、子どもが否定されたと感じられるような言葉を投げかけてしまうと、そのお子さんは次からは萎縮して、自分の気持ちを表出しなくなってしまうかもしれません（全く気にしないお子さんもいますが 😄）。

このような、ファシリテーションをしにくい局面については、第8章にまとめた対処法（138ページ以降）をご参考ください。

4 言葉を急かす

子どもから言葉が出ないことは、よくあります。自分の中ではっきりとした考えが浮かんでおらず、どう言葉にして良いか迷ってしまうことは、大人でもありますよね。その時は、少し待ってもらったり、言葉が発見できるように導いてもらったり、別の角度から質問してもらったりすると、嬉しいと思いませんか？
言葉が出ない時こそ「ゆっくりでいいんだよ」「焦らなくても大丈夫だからね」と相手を安心させてあげてください。

5 大きな声で叱る

論外です。アウト・オブ・眼中です 😄。どのような状況があろうとも、これはいけませんし、「ファシリテーターの機嫌が良くない」というのも避けたほうが良さそうです。深呼吸をしたり、一時的に場所を離れたり、楽しいことを思い浮かべたり、音楽を聴いたり、一旦ネガティブな空気をリセットしてから臨んでください。そもそも、そのような状態の時に無理してやることもないので、ファシリテーターを替わってもらったり、中止することも遠慮なく選択肢に入れてください。

6 無理に結論を出そうとする

　ファシリテーターの世界観から、子どもたちが伝えようとしていることを無理にまとめようとしたり、決着をつけようとすると、子どもたちの意図とは異なる解釈になってしまうこともありえます。

　結論が出ないのは、決して悪いことではありません。 子どもたちは「あれはどういうことだったんだろう？」「どうしたらよかったんだろう？」など、終わった後にも考え続けることにつながり、「思考のお土産」を持って帰ることにもなります。

　うまく着地できなかった場合は、「また話そうね」としたり、「みんなはどう思ったかな？」と皆の解釈に委ねたり、「帰ってから考えてみよう」と示したり、**すべてをコントロールせずに「子どもに委ねる」という視点も大切**かもしれません。

　似たようなことに「誘導」というものもあります。大人が求める答えを出してもらいたいがために、「◎っていうのは〜？」と投げかけて、子どもたちが競って「◎!!」「◎!!」と返事をする光景、よくありませんか？**正解を言わせようとする「誘導」も子どもから考える機会を奪いかねませんので、対話の場ではぜひご用心ください。**

7 「指導」しようとする

　「より良い方法」を分かっている（つもりの）大人は、どうしてもアドバイスをしたり、指導したり、教えたくなってしまいますよね。しかし、「こどもかいぎ」の世界では、ぜひ、その気持ちをぐっとこらえて、**子どもが自分で正解らしきもの、より良い考えやアイデアを見つけられるように導いていただきたい**と願っています。

　人生は自分なりに方向性を発見して、切り開いていかなければならないことが多いですよね。いざというときに思考停止にならないためにも、ぜひ**「こどもかいぎ」は、「解答を教わる場ではなく、自分で探せる場」**にしていただければと思っています。

　アドバイスではなく、質問を！

3 子どもだけの「かいぎ」には ちょっぴりだけご注意

　年齢や成長、場数によっては、「子どもだけの『こどもかいぎ』」も十分に可能です。子ども自身がファシリテーションをして、「君はどう思うんや？」な〜んて明石家さんまさんのように「場を回す」なんてこともできるほど、成長を遂げる場合があります。こうなると、大人は楽ですよね。ファシリテーターの数が足りないときにはウィン・ウィン！ともなりえます。

　これはこれで、とってもチョベリグな経験になると思うのですが……、一点、理解しておいていただきたいことがあります。それは、**大人がファシリテーターに入る「かいぎ」と子どもたちだけでやる「かいぎ」は、ラーメンとそうめんくらい、「まったくの別物」**だということです。以下にメリットとデメリットをまとめてみます。

1 子どもたちだけで「かいぎ」をするメリット

・子ども同士のほうが、かえって話しやすい場合もあり、対話が弾む。
・ファシリテーターをする難しさを知ったり、そのスキルを学ぶことができる。
・大人の手がかからない。

2 子どもたちだけで「かいぎ」をするデメリット

・大人がじっくり話を聴いてくれることから生じる**自己肯定感を得る機会が失われ、大人と子どもが相互理解を図れなくなる**。
・話し合いの方向性が定まらなかったり、対話の深い部分まで到達できなかったり、途中でケンカになったりしてしまう可能性がある。
・うまくファシリテーションができず、**自信をなくしてしまう可能性**がある。

「こどもかいぎ」は大人が間に入ることで、子どもたちの思考力や発想力を深めることができたり、心理的安全性を提供できたり、言葉を引き出してあげることができやすくなりますが、子どもたちだけに任せると、このあたりのベネフィットが享受できなくなる傾向が出てきます。これは個人的にもったいないなぁと感じています。

　いわば、子どもたちだけで、「こどもかいぎ」をやらせるのは、子どもたちだけでサッカーをやらせるのと、ちょっと似ているかもしれません。ボールを蹴ったり、パスしたり、と**子どもたちだけでもできる部分はあるけれど、でもきっとできることは限られてしまいます**よね。

　ルールがよく分からなくて手を使っちゃう子も出てきたり、それに異を唱えてケンカになっちゃったりする可能性も出てきますし、近くにパスをするときは足の横で蹴ったほうが良いとか、トラップするときは少し足を引いたほうがバウンドしにくいとか、いろいろなコツを大人に教えてもらったほうがうまくなりやすいですよね。

　もちろん、子どもでも十分できますし、そこまでうまくならなくても良いかもしれませんし、それを見守るのが保育だというご意見も、その通りだなぁと思います。ただ、繰り返しますが、**大人が少し手を添えてあげることで、子どもたちはさらに良い経験ができる**ような気がするんだけどなぁ……というのは、あくまで個人的な見解です。

　どちらにも強みと弱みがありますが、このあたりの「違い」はしっかりと理解をした上で、選択してもらえたらと願っています。

第7章

子どもたちとの
対話例と解説

子どもたちの心の声、
聴けていますか？

① 「言葉で言えば良いのに 何で鉄砲とか使うの？」

　　ファシリテーションの実践方法や各種ご注意事項を理解いただいたところで、**実際の「こどもかいぎ」における子どもたちの言葉のやりとり**を見ていただくのはいかがでしょうか。

　　子どもたちはトピックに対して、どんな言葉を発しているのか、ファシリテーターはどのように話を聞いて、質問を投げかけ、「かいぎ」を発展させているのか、様々な点に注目しながら、ご覧いただければと思います。

ケンカと戦争

　先　生：ケンカは子どものなかだけで起きるんじゃないんですよね、実は。

　※ページの都合上、カットしていますが、この前に、「ケンカ」について、既に10分以上の話し合いが行われていました。

　アンリ：パパとママ、ケンカするもん。ママね、急に別れる！って。パパが「やだやだやだ、ごめんなさい」って言う（笑）。

　先　生：(苦笑)……。ところでさ、ケンカの大きさを一番大きく広げると？

　アヤカ：地球？

　レ　イ：未来！

　トシハル：千葉？

　先　生：千葉は「県」だな（笑）。「国」って言い方すると分かる？

　レ　イ：うん。埼玉！

　先　生：埼玉も「県」だな（笑）。

　トシハル：アメリカとかは？

　先　生：そうそう！アメリカとか。他に何か知ってるのある？

　トッキー：あ、分かった！にっぽん！

　先　生：そうそう、そういう国どうしがケンカすることもあるのよ。

トシハル：それって戦争？

先　生：よく知ってるね！みんな、戦争ってどういうものだと思う？

アヤカ：鉄砲とか剣とかで斬りつけたり。

トシハル：あと戦闘機から、爆弾落としたりするんだよ。

先　生：そうだね。そういうのって、やっぱりなくしていきたいじゃない？
　　　　戦争を止めてってさ、どういうふうに言えば良いんだろうね？

トシハル：えっと、世界で一番偉い人に戦争止めてって言って、あと全員に
　　　　言う。

アヤカ：言葉で言えば良いのに、何で鉄砲とか使うの？

先　生：本当だよね！言葉で言えば良いのにね！

レ　イ：分かった！戦うんじゃなくて、握手とかして、仲直りすればいいと
　　　　思う。

先　生：結局のところ、戦争っていうのは、国と国とのケンカなわけです
　　　　よ。それを、どんどん、ちっちゃくしていくとー、皆のケンカと
　　　　も、まあ似てるとこがあるのよね。そういう、ケンカをなくす、止
　　　　める、仲直りするためには、どうすれば良いのかね？

アヤカ：ケンカになる前にさ、ケンカになることを口で話せばいい。

先　生：そうだね。ケンカになる前に、何が嫌だったんだよっていうのを伝
　　　　えられればいいよね。

アンリ：でもケンカしないと仲良くなれないよ。

先　生：あ～。そういうのもあるよね～。

トッキー：分かった～。ウサギに石を投げたりするのはダメ。

先　生：そうだよね～。かわいそうだよね。

アヤカ：ずっと話さなかったら、これがまたケンカになるよ。

先　生：確かに。何も言わないっていうのもケンカになるかもしれない。

レ　イ：言おうとしたけど忘れちゃった。

先　生：ははは～。忘れちゃったか。ま、そういうのもあるよね～。

サヤカ：あのさあ、お友だちがさあ話しているときさあ、話を聞かないとだ
　　　　めだよ。

先　生：そうだよね！それ大事！お友だちが話そうって言ってるときに話を
　　　　聞かないっていうのが、一番ケンカになるかもしれない。すごいい
　　　　いこと言ってくれた。ありがとう。

さて、皆さん、いかがでしょうか？耳の痛い話ですね〜……。まだ4歳、5歳の子どもたちが、こんなに戦争のことを知っているなんて、驚くと同時に、「口で話せばいいのに」という純粋な疑問は、真理をついていますよね。某国のリーダーたちに聞かせてあげたい！ちなみに僕の夢の一つは、某国の独裁者を羽交い締めにして、映画『こどもかいぎ』を見てもらうことです。冗談ですが😄。

　「未就学児とケンカ」は、ピザとチーズくらい、切っても切れない関係ですが😄、興味深いのは、子どもたちの「日常」ともいえるケンカから、戦争の話にまで話し合いが発展していることですね。**身近なことを社会問題に置き換えると、子どもたちの思考が風船のように広がっていくきっかけ**にもなります（ちなみに、「ケンカ」は子どもたちにとっては身近でありながら、いわば、切実な課題なので、み〜んな話したがります）。

2 「鼻をほじるのは……○○だから!?」

「鼻くそ」

先　生：はい、いまやってるけど…（笑）なぜ、みんなは鼻をほじるんです
　　　　か？そしてなぜ食べるんですか？これはミナミちゃんにぜひ聞きた
　　　　い。ミナミちゃん、今もやってましたけど、なぜ、鼻をほじって食
　　　　べるんですか？

（考え込む子どもたち）

先　生：おいしいからー？それともーなんでー？なんでー？なんでーー？

リョウ：だってー………………、

先　生：なになに？言ってごらん。

リョウ：う〜ん……、うまいから。

先　生：うまいから！え、うまいって、どういう味がするの？（他の子に）
　　　　こーらー！引っ張んないのー。

リョウ：きなこ。

先　生：きなこーー（笑）。え、すごい、リョウ君の鼻くそはきなこの味が
　　　　するんだー。

リョウ：だって砂糖がついてるんだもんリョウちゃんの。

先　生：リョウちゃんの鼻に？だって〜。ジュン君、弟だけど、知って
　　　　たー？

ジュン：嘘だよー。だってリョウちゃんの鼻からさ、お砂糖が出てたらさ、
　　　　ジュンくんの鼻だってお砂糖でるじゃん。

先　生：わかんないよ。だってジュン君とリョウちゃん、おんなじ体じゃな
　　　　いから。え、だってリョウ君の鼻くそ食べたことないでしょ？

ジュン：食ったことある。

先　生：えー！食べたことある！じゃ、どんな味がしたー？

ジュン：えっとねー…いちご、普通の。

先　生：えー！

ジュン：え、昔だよ、そんなことって。

　先　生：今もやってるでしょー？

　ジュン：やってないよ。小学校に行くからもうやめたよ。

　先　生：じゃ、いつからやってないの？

　ジュン：えーっとねー、12、11月からもう卒業した。

　先　生：あ、そうなの？卒業したのね。じゃ、リョウ君の鼻くその味がきな
　　　　　こって分かったところで……、今日の「かいぎ」はそろそろじゃあ
　　　　　終わりにしようかな。

　いやー、くだらなくていいですねー（笑）。でも、いいと思うんですよ、毎回、真面目なトピックを選ばなくても。ね？子どもたちが話しやすく、みんなで楽しめることは大切ですよね！

　もしかしたら、ソクラテスや福沢諭吉なども、「なんで子どもって鼻ほじるんかな〜？」ってずっと考えていたけれど、ここまで深掘りせずに理由が分からないまま旅立ったかもしれません。もしかしたら人類史上最大級の発見かも!?

　この「かいぎ」のポイントは、まさに先生のファシリテーション。注目は、**一見、くだらないと思われるような子どもたちの意見に対して、しっかりと「おうむ返し」をしていること**です。もしかしたら僕だったら、「（きなこ味なんて）そんなわけないじゃん！」とか「汚ね！（自分から振っておいて！）」と反応していたかもしれません。でも、先生はしっかりと子どもたちの言葉に共感して、興味深そうに反応することで、言葉を引き出しています。

　大人にとっては理解しにくいことにも、ちゃんと子どもなりの理由があるということが分かりますし、普通は避けられるような話題だったとしても、子どもからの奇想天外な回答に興味を持って聞いてあげることで、子どもたちが「何でも話していいんだ！」と思うきっかけになったかもしれません。これぞ、心理的安全性ですね。

3 「雲の上の赤ちゃんがいたずらしてジョウロで雨降らせてるんじゃない？」

「なんで雨って降るの？」

先　生：雨が降ったらどういう気持ちになる？タクミくんはどう？

タクミ：悲しい。

先　生：どうして？

タクミ：だってさ、だってさ、いろんなところでキャンプとかしたいんだけど、いけなくなるから。

先　生：あーそっか、キャンプとか行けなくなっちゃうからね。タクミくん、キャンプ好きだもんね。じゃあ、ハルくんは？

ハ　ル：嬉しい。

先　生：嬉しいの？なんで？

ハ　ル：えっ、あそこにヒマワリが咲くかもしれないから。

先　生：あー、そうかそうか。素敵！そうだね、雨がいっぱい降ったら、お水がいっぱい土に入って、みんなで育てているヒマワリが咲くかもしれないね。悲しいのと、嬉しい気持ちと両方あるね。

子どもたち：うん。

先　生：いろいろ出てきたんだけど、じゃあそもそも、雨って何で降るか知ってる？難しいよー。ちょっと考えて。
雨ってなんで降るのー？

タクミ：だって、みんなが死んじゃうから。

先　生：なんで死んじゃうのー？

タクミ：だって水がないとご飯とか作れないから。

先　生：そっか、雨が降らないとお米が育たないもんね。

レ　イ：雲が集まるから？

先　生：あ、すごい、ちょっと理科的なやつだ。

ミチカ：あのね、雲がつながってね、それでなんかさ、雲の上に、赤ちゃんいるでしょ？赤ちゃんがいたずらして、なんかさジョウロかなんか

で雨降らすんじゃないの？

先　生：すごい！かわいい答え！雲の上に赤ちゃんがいて、赤ちゃんがいた
　　　　ずらして、こうやってジョウロで雨降らせてる？なるほどね〜。

　雨というのは、すごくセンスの良いトピックですね〜。子どもたちにとって、なじ
みのある話題から、嬉しい、悲しい、と相反する感想を聞くことで、様々な意見があ
ると気付くきっかけを提供している点も、素晴らしいと思います。

　また、雨が降る仕組みなど、普段はあまり意識しないことに話題を振ることで、思
考を深め、アイデアが自然と湧き出る機会になったかもしれませんね。

　自然現象というのは、身近な日常でありながら、深みを持ったトピックでもある
ので、子どもたちの興味・関心を広げたり、探究心や観察力などをググググっと発展さ
せる可能性が多くあるように思います。

　ファシリテーションに関して注目いただきたいのは、先生の「場面転換」です。
最初のうちは、雨に対するみんなの考えや印象を聞いていますよね。このまま「かい
ぎ」を続けることも可能だったと思いますが、きっと先生は子どもたちの反応を見
て、「盛り下がってきたかな……」と思ったのでしょう。

　そこで、同じ「雨」というトピックから、「雨ってなんで降るか知ってる？」と話
を発展させて、「深掘り」しています。これによって、子どもたちの思考に広がりが
生まれた可能性もありますよね。

　大人でもそうですが、どのトピックを選ぶにしても、同一内容で話し続けること
は、同じ曲を繰り返し聴くようなもので、どうしても脳は飽きてしまいます。

　そこで、**子どもたちの様子を観察しながら、場合によっては新たな質問で場を活
性化させる**。これはサッカーで言うところの、局面打開のロングパスみたいなもの
ですね（僕はサッカーマニアです 😊）。

　いかにして場面転換の質問を創造できるか。これはファシリテーションの醍醐味、
とも言えるかもしれません。

コラム 5

「おとなかいぎ」のススメ

　子どもが対話できる環境を作り上げていくにあたっては、大人同士が対話していくことも重要ですよね！ただ、これがなかなかできていない……。

　僕も含めて、対話や会議が苦手な大人は多いですよね。テンポに沿ってうまく話せないし、発言に自信がない。どう思われるか心配で、躊躇してしまう。心当たりありませんか？それには僕なりの仮説があります。

　それは、**現代の大人は子どもの頃から発言を受け止めてもらった経験が圧倒的に少ない**からです。心理的安全性のある状況で質問を投げかけられた経験、どのくらい積み重ねているでしょうか。包丁を触る機会が少なければ、料理上手にはなりにくいのと同じですよね。これはあなたのせいではありません。社会のせいにして「対話できない。日本死ね」とSNSに投稿しましょう。というのは冗談ですが😄。

　もし対話や会議が苦手だなと思われていたら、ぜひ、**「こどもかいぎ」を通して一緒に学んでいただくのはいかがでしょうか。** 子どもたちに素晴らしいフィールドを提供できるだけではなく、自分も成長できるなんて、最高だと思いませんか？

「こどもかいぎ」のファシリテーションを経験すると、<u>聴き上手、（場の）回し上手になります</u>し、心理的安全性を確保した上で発言を促す価値観を周りの人たちも知るようになっていきますので、**職場での「おとなかいぎ」は活発化**しやすくなります。ただ、普段からの「会話」がないなかで「対話」をすることは難しいでしょうから、大人も心理的安全性や対話法、質問力を学ぶ必要がありそうです。

　「おとなかいぎ」にあたっては、「反対意見の人がいたら面倒くさいなぁ」という懸念もありますよね。とても良く分かることです。しかし、こんなときこそ、対話です！

　お互いを理解し、考えを近づけていくきっかけにもなりうるものですから、そこを「面倒」だと思ってしまうと、人と人との絆を作り続けることは難しくなりますし、「考えが合致する人」としか交流しない傾向が生まれ、自己成長を妨げることになってしまうかもしれません。

　「面倒だな〜」と思ったときは、「ここから自分が何を学べるだろう？」と考えてみたり、「今後のネタになるかもしれない！」と捉え方を少し変えてみると、対話しやすくなるかもしれませんね。

　そういう意味では、「おとなかいぎ」をするには、向き合う力も必要そうですね。気が進まないけど話さなきゃいけないことってありますが、立ち向かう力がないと、ついついそれを避けてしまい、かえって溝が深まることも……。

　難しい議題に対峙するのは、いわば、重いバーベルを上げるようなもの。その筋力を引き上げるのは、心理的安全性であり、自己肯定感であり、どのくらいの人と対話を重ねてきたかという経験値。いや〜、対話って深いですね！

　大人の皆さ〜ん、話し合っていますか？

第 8 章

「こんな時どうする？」ハプニングを楽しむ方法

あなたが子どもたちと一緒にいるときに
一番楽しいと感じる瞬間は何ですか？

① うまくいかなくたって 大丈夫！

「こどもかいぎ」は、可能性に満ちあふれているものの、そう簡単にはいきません。**「かいぎ」が終わった後、バタンキューでどっと疲れてしまう上に、「うまく回せなかった…」と「敗北感」のようなものを覚えがち**です。もしかしたら、「もう『かいぎ』なんてやりたくない!!」な〜んて思われるかもしれません。

でも大丈夫！

ぶっちゃけ、「こどもかいぎ」はそんなものです。だって、頭の中が好奇心と不思議で埋め尽くされた、愛すべき幼子を相手にしているんですから……。参加者すべての子どもたちが、よ〜く考えて、お友達の話をしっかり聞いて、天才子役ばりに大人が唸るようなコメントを出し続ける、なぁんていうことは、乳児がずりばいしながら腕立て伏せをするくらい、まぁほとんどありません。そこが成功ではないんです。

僕自身も、いろいろなところで、ファシリテーションをさせてもらう機会がありますが、特に未就学児の場合は、打ちのめされることが、めちゃあります😆。話し込むことなく、かくれんぼと追いかけっこでほとんど終わってしまったことさえありますよ。でも、「全然駄目だった」とは思わないようにしています。なぜなら、子どもたちはめちゃんこ楽しそうにしていたからです。それでいいじゃないですか。**「こどもかいぎ」をすることだけが目的なのではない**、ですよね。たとえ「かいぎ」がうまく回せなかったとしても、世界が滅びるわけじゃあ、ありゃあせん。

子どもという花はいつ咲くか分かりません（いえ、既に咲いているという言い方もできますね）。**育っているように見えなくても、子どもの中にはしっかりと根が張って、芽吹き、蕾ができています。いつでも開花できる状態になっています。ただ、大人には見えないだけ。**

子どもたちが楽しめていれば大丈夫！

一人でもお友達の話を聞いてくれる子がいれば大丈夫！

一言でも発言を促せていれば大丈夫！

一つでも考えるきっかけを与えていれば大丈夫！

うまく回せなかった…と落胆しても大丈夫！

完璧なファシリテートなんてありえません。もし、ハプニングだらけで、うまくいかない敗北感にまみれてしまったら、ぜひ、この「5つの大丈夫」を読んでください。

世の中にはいろいろな子どもがいます。**すべてが、ファシリテーターとしてのスキルアップ、そして人間としての深みに進化する経験**になります。平坦な道ばかりでは、ファシリテーターとしての腕は上がりません。きちんと座ってくれて、きちんと答えてくれて、きちんと意見を言ってくれる……。大人にとっての理想の子どもを求めていませんか？ぜひ、**ギャフンな経験もポジティブに**捉えて、その時間をも楽しんでいただければ……、と願っています。

「ああ、うまくいかなかったなぁ……」でも大丈夫!!

子どもは笑顔を見せてくれていますよ。

映画『こどもかいぎ』より

2 こどもかいぎの あるあるハプニング集

　「こどもかいぎ」中のアクシデントは当たり前。それをクリアする「ゲーム」を楽しむくらいの気持ちで行っていただけると良いかもしれませんが、少しでもうまいこと、ファシリテーションしたいですよね。

　ここからは「こどもかいぎ」のよくあるハプニング集を紹介しますので、対処法が分からないときは参考にしてみてください。

1 カオス状態になったとき

　ウロウロしたり、部屋から出て行ってしまったり、おもちゃで遊び始めたり、子ども同士でじゃれあったり、流れと関係のない話をし始める子が出てきたり、床に寝そべって「かいぎ」に参加しなかったり……、「かいぎ」をうまく運営できない「ひっちゃかめっちゃか」は、超「あるある」。皆さんも容易に想像できますよね😆。

　おそらく、これまで「子どもは話せない、聴けない、対話できない」と思われてきたのは、この「カオス状態」が主因なのではないかなぁと思いますが、ここをうまく対処すると、「こどもかいぎ」の道がさらに開けます。

そもそも、これらはとっても子どもらしい行為で、決して悪いことではありませんが、ただ、これでは普段の保育と変わらず、「かいぎ」中でなくてもできることでもありますよね。「せっかくみんなで集まり、貴重な体験をしてもらおうと『かいぎ』を開催するのですから、できれば、意味や効果がしっかり得られるものにしたほうが良い」という考え方もあるかと思います。

何より、カオスな状態になると、子どもたちの集中力は落ちていき、「『こどもかいぎ』＝つまらない」という印象を持つ確率が上がってしまいます。

対策としては以下のことが考えられますので、めげずに😄、ぜひ参考にしてみてください。

・子どもたちが返答したくなりそうな、**フェイバリット系のトピックに変えたり、ホメホメ大会**にして、参加意欲を高める。

・**休憩もしくはアイスブレイク**をして、リフレッシュしてから「かいぎ」に戻る。

・**参加していない子にあえて質問**を振って、「かいぎ」に参加する機会を作る。

・座っていられずにウロウロしている子がいてもいいし、その場で**参加できる人だけで「かいぎ」をやればOKと割り切る。**

・「今日はもうやめようか？」と全員に**「かいぎ」を継続するかどうかを聞いてみる。**

・**「○○していたところ悪いけれど、大切な話し合いだから、できれば参加してほしいな」とお願いした上で、「無理して参加しなくてもいいんだよ。どうする？」と選択肢を与えてみる。**

「引き続き参加したい」ということであれば、「それなら、きちんと座って他のお友達のお話を聴こうね」と促し、「もうやめたい」ということであれば、部屋の中、もしくは部屋から出て、他のやりたいことをしてもらっても良いと思います。

2 話が長い／うまく参加できていない子がいるとき

映画のなかでもありましたが、時に、話がまとまらなかったり、いつまでも話し続けてしまうお子さんもいます。伝えたいことが満ち満ちているのは素晴らしいことではありますが、話す回数に偏りが生じるようであれば、他の参加者が置いてきぼりになったり、「自分も話したいのに」「他のことをして遊ぶ時間がなくなっちゃう」など、「こどもかいぎ」自体が「楽しくない」と思われてしまう要因にもなり得ます。

一方で、無理に話を切ってしまうと、その子にとっては「お話を聴いてもらえなかった」という不満につながりますので、釣り合いを取るのが非常に難しい課題。ここはファシリテーターの腕の見せどころです。

まずはじっくり、最後まで聴ききる姿勢が最優先ではあります。ただ、もしそれが難しい場合は、以下の対策をご参考ください。

●共感→相談→許可で他の子に質問を振る

「なるほど。面白い考えだね！」「分かる、分かる！」と共感を示した後に、

・「〇〇ちゃんは何回かお話ししてもらったから、今度は他のお友達にも話を聴いてみてもいいかな？」
・「〇〇君の考えはすごく面白いから、他の子たちにも聴いてみてもいいかな？」
・「〇〇ちゃんの気持ちがすごくよく分かるから、他の子たちにお話ししてもらってもいいかな？…」
・「ちょっと待って。今、BちゃんがAくんの話でうなずいてたよね！Bちゃんはどう思った？」
・「今みんなからいろんな意見が出ているから、少しまとめてみようか」

など、ファシリテーターが一旦引き取って整理したり、発言をしていない・少ない子どもの名前を呼んで「〇〇ちゃんはどう思う？」など、他の子が話せるようにナビゲートしてあげたり、時計回りなどで一人ずつ見解を聴いてみたりすると、全員がまんべんなく発話できる機会が増えるかもしれません。

共感→相談→許可という流れがオススメです。もちろん、そのまま聴き続けるのも選択肢の一つです。

●全員に質問する

同じく、共感の言葉を示した後に、「みんなはこの意見についてはどう思う?」など、全員に質問を投げかけてみると、リスタートできるだけでなく、うまく参加できていなかった子たちのフォーカスを合わせることにもつながります。

●全員で考える時間を作る

同じく、「面白いアイデアが出たね〜。それじゃあ少し時間を取るので、この意見についてゆっくり考えてみよう」など、みんなで考える時間を作ってみると、無理なく一時停止した上で、全員が当事者としてトピックに思考を巡らすことができます。

重要なポイントは「話が切られる子に対するリスペクトを表すこと」です。**バランスよく発言してもらうのは、子どもたちが空気を読んでやることではなく、ファシリテーター側の役割。**一人の子が話しすぎてしまう場合、ファシリテーションの仕方を工夫してみましょう。ぜひ、話している子も、そうでない子も、ソフトランディングできるよう心がけてみてください。

3 ## ファシリテーターが何かを言うたびに喋り始める子がいて、話が先に進まないとき

こんなこともよくあります。進行と無関係に言葉を発して、ペースが狂ってしまうケース。このような場合の対処法……非常に難しいです。

その場にいる楽しい空気感に興奮していたり、自分のことを見てほしいという潜在的な承認欲求があったり、動機は様々ですが、**意図的に邪魔しようとしているわけではない**ことは、まず認識していただければと思います。

とはいえ、進行が妨げられると、結果的に参加している他のお子さんの時間を奪うことにもなってしまう……。**一人の子を尊重するのも大事ですが、そのことによって、他の子が尊重されていない状態にもなりえます**のでバランスは非常に難しいところ。対策としては以下が考えられます。

・まず、「『こどもかいぎ』はみんなで話し合う場だよ」ということや、「話したいときは手を挙げようね」などのルールを再度、その子どもにお話しして、理解を求める。

・その子を受け止めながら、**「○○君には、たくさんお話を聴いたから、今度はお友達の話を聴いてもいいかな？」** などと伝えて、他の子どもから話を聴く。先ほどの**「共感→相談→許可」** というフローです（ただし、これは付け焼き刃的になりがちで、あまりその子の行動は止まらないかもしれません）。

・「もし、話し合いが難しいようだったら、外で遊んでも大丈夫だよ。また今度、お話を聞かせてくれる？」と話すのも、正直、選択肢の一つです。その際には決して「出て行きなさい」という強い口調で言わないように、慎重にいきましょう。

・その子が何か言うたびにキャッチして、毎回リアクションを戻すと、「話を聴いてくれた」「自分を受け止めてくれた」という感覚を得られることで落ち着く子どももいます。

4 「無風状態」になったとき

　特に初期の頃にありがちですが、子どもたちから全く発言が出てこない状態です。困っちゃいますよね。話を振っても、シーンって……。ただ、一時期の無風状態は決して悪いことではない、というのは覚えておいてください。それは、子どもたちに落ち着いて考える時間を提供することにもなるからです。「こどもかいぎ」の核心は、必ずしも言葉を披露するだけでなく、考える、聴く、というところにもあります。

　しかし、無風状態があまりにも続くと「かいぎ」を開催する意味が薄れてしまいますから、何か対策を練れると良いですよね。これについては、なぜ発言が出ないのかを分析する必要がありますが、その理由と対策は次のようなものが考えられます。

①やったことがないので何をしていいか分からない

・デイリー系かフェイバリット系の**話しやすいトピックを投げかけてみたり、イエス・ノーで返事ができるクローズド・クエスチョン**など、答えやすい質問を振ってみると、「対話の場」というよりも、「会話感覚」で言葉が出てきやすくなると思います。

・**子どもから言葉があふれる会話の「3D」**（87ページ）を思い出して、1. Daily（日常の話題）、2. Daisuki（好きなこと）、3. Disclosure（自己開示）をうまく使い分けてみてください。

・場合によっては、「こどもかいぎ」とは何をするところなのか、**もう一度、ルール等の基礎の説明**をしてみるのも一つかもしれません。もしかしたら、聞いていなかった、忘れちゃった、その場にいなかった、ということもありますので。

・お友達のなかで話し始める子がいると、「あー、ああやって話せばいいんだ！」と学んで、周りの子どもたちにも良い形で伝染していくのはよくあるので、まずは**話せそうな子に話を振り、引っ張っていってもらうことも選択肢の一つ**です。

②頭の中ではしっかりと考えているのだけれど、うまく言葉にすることができない

・まずは言葉が出てくるまで、じっくりと待つことが大事です。**「焦らなくても大丈夫だよ」**と声をかけ、落ち着いて話せるまで、「みんなで待ってみよう」「全員で考える時間にしてみようか」と声をかけたり、質問を変えたりしてみましょう。

・ただ、あまり待ちすぎると他の子がじっとしていられなくなる場合がありますので、**「また後で聴くね」「うまく話せそうになったら言ってね」**と声かけして、先に道があることを示してあげると良いかもしれません。いつまで待つかは、子どもたちの表情や様子、他の子の様子から判断します。

・他の子の発言が呼び水になって、「今？」というタイミングで突然、言葉が出てくることはよくあります。そのときは**「今、〇〇ちゃんが話しているから、次に聴くね」**と安心させてあげてください。くれぐれも、その子に戻ることを忘れないように〜。

・もし、その後も発言が出てこなかった場合は、終わった後に声かけしてあげると、子どもにとっては失敗体験として残りにくくなると思います。

③話している内容や質問の意味が分からずについていけない

・みんながついてきているか、率直に確認してみましょう。よく分かっていないようであれば、トピックを噛み砕いて説明してみたり、他のことで例えてみたり（子どもたちの身の回りにあり得るケースで置き換えると分かりやすいと思います）、理解していそうな他の子どもに解説してもらったりすると良いかもしれません。

・投げかけたトピックや質問が適切だったのか、考え直してみて、場合によっては題材を変える、というのも一つです。

5 　性格的に発言できない恥ずかしがり屋さんがいるとき

　映画のなかでも出てきますが、こういうお子さんもぜひ尊重してあげてください。もしかしたら、まだどういう空間なのか理解しようとしている最中かもしれませんし、そもそも「かいぎ」に出たくないかもしれません。

　心掛けるべきは、ファシリテーターが勝手に決めないことです。ぜひ、「かいぎ」が終わった後にでも、そのお子さんに「どうしたい？」と同じ目線で聴いてあげてください。

　繰り返し振っても返答できないことが続くようなら、**「内緒で教えて」と耳打ちしてもらったり、「他にAちゃんの話に賛成の人〜？」と聴くなどしてジェスチャーで表してもらったり**（「大賛成は両手で挙手、ちょっと賛成なら片手、少しだけなら遠慮気味の挙手」のように身体を使うのもオススメ）、**カードや物で選んでもらうことで意見表明になるような工夫**を行うのも一つです。

6 途中で何を言っていいか分からなくなった子がいるとき

ハプニングというほどではありませんが、ぜひ、その状態を笑顔で受け入れて「**大丈夫だよ。また思い出したら教えてくれる?**」と伝えて安心させて、しばらく経ってからまた振ってみてください。

最後まで思い出せないこともあったりしますが、「気にかけてくれた」という経験が、「自分の意見をまた言ってみよう」というモチベーションにつながります。

7 みんなが「もうやめたい」と言い出したとき

ガビーン!超ショックですね〜……。残念ではありますが、そういうときもあります。メンタル面のダメージは置いておいて 、「**じゃあ一つだけお話しして終わりにしよう**」と告げて、少しだけでもお話をした後に「かいぎ」自体を終了する、というのも現実的な一手。そこで**すぐに終了してしまうと、「かいぎ」に対する印象が良くないまま残ってしまい、次につなげることが難しくなる**ためです。

もちろん、その場でやめても良いと思いますが、「もういいよ、やめやめ!」と感情的に収束してしまったり、諦めた感を出すのだけは気を付けたほうがいいですね。

8 悪口を言う子がいるとき

「馬鹿にされた」などの気持ちを持ってしまった子どもに、「こどもかいぎ」が嫌な体験として残ってしまうのは残念なことです。

改めて、「誰かが嫌がること・傷つくことは、言わない・しないようにしようね」というルールを確認したり、チクチク言葉が出てきたときに、ファシリテーターが口に手を当てるなどして驚いたリアクションを取ってみたりすると、「やってはいけないこと」をビジュアル的に伝えられるかもしれません。

もし発言内容が気になるようなものであれば、グッとこらえて、「どうしてそう思うのかな？」「○○さんの立場だったらどう思うかな？」など、質問を投げかけて、自分で気付けるように促してみるのも一つですね。

●チクチク言葉のアフター・フォロー

「かいぎ」中にチクチク言葉が繰り返し聞かれた場合は、それを受けた子だけでなく、発言をした子も共にフォローしてあげたいですよね。

お友達のことを馬鹿にするような言葉が出るということは、もしかしたら、自分の中に溜まったネガティブな気持ちを発散していたり、何かしら「SOS」を発していることも推測できます。発言をした子に対しては、単に叱るのではなく、まずその子がどういう気持ちなのかを、個別に、じっくりと、共感的に聴き、何があってもまずは受け止めてあげてください。

自分のことを分かってもらえたと思うと、子どもでも気持ちが落ち着いてくるものです。そこでようやく、チクチク言葉を発したことに対して、「もし○○君が、そういうことを言われたら、どういう気持ちがする？」と自分に置き換える問いかけをすると、応じてもらいやすいかもしれません。

ネガティブな発言を受けた子どもに対しては、終わった後に「○○君があああ言っていたけれど、どういう気持ちがした？」と聴いて、こちらも受け止めてあげてください。

たとえもし、大きな傷になっていなかったとしても、大人が一言、言葉をかけるだけでも、子どもは安心してくれるもの。嫌な体験も、後ろ向きになりすぎずにうまく流してくれるかもしれません。

9　子ども同士の意見が食い違って ネガティブな空気になったとき

ここもファシリテーターの腕の見せどころではありますが、まず、子どもたちには、「異なる意見を聴くのが良いこと」だという認識が弱いかもしれませんので、ファシリテーター自らが多様な意見を面白がってみてはどうでしょう。

「今みんなからいろんな意見が出て先生はすごく嬉しいんだよね。○○君は、こう言っている、○○さんはこう言っている、どっちも素晴らしいし、先生はどっちにも賛成。みんなが違う意見を言い合えるのって、新しい考え方というプレゼントをみんなにあげることだと思う。**もっと違う意見があったらぜひ聴かせてほしいな～**。」

などと伝えてみたり、「そんなことは考えていなかったなぁ」とほめてみたり、どちらの考えにも共感を示し、いずれの意見も愛されるべきもの、という姿勢で臨むと、ネガティブなトーンは和らぎやすいかもしれません。

10 子どもが伝えようとしていることが 理解できないとき

　子どもは一生懸命、話してくれているけれど、正直、伝えようとしていることが理解できないことは現実的に出てきますし、ファシリテーターが分かっても、他の子どもたちがポカンとしていることも十分ありえます。その場合、「全然、分からない」と切り捨てるのは絶対に避けてください。

　「理解しようと頑張っているのだけれど、うまく分からなくてごめんね」という姿勢で、「それってどういう意味なのかな？」と質問をつなげることで、発言した子どももさらに考えようとします。そして、**理解できたことを「こういうこと？」と都度、確認**すると、子どもは「分かってくれた」という気持ちになる上に、みんなが迷子にならずに「かいぎ」を続けられるパーセンテージが高まります。

　どうしても分からない場合、他の理解していそうな子に解説してもらったり、「ごめんね。私にはうまく分からないから、また後で聴かせてもらえる？」と伝えてから、「かいぎ」を進行するのも一つです。

3 こどもかいぎ Q&A

　「こどもかいぎ」で起こりがちなハプニングや「あるある」について共有してきましたが、ここでは講演会などで頻繁に寄せられる質問を厳選して、それぞれ応えていきたいと思います。ぜひご参考ください！

Q1 人手不足で朝の会での「一斉『こどもかいぎ』」しかできません……

A1 こちらの園では朝の会と夕方に、主にデイリー系について話しているそうですが、子どもの声に耳を澄ませていると、「もっともっと子どもたちのことを知りたい！」と思うようになる方はたくさんいらっしゃいます。

　ただ、皆さんもご存じのように、日本は子どもにかける予算が決して潤沢ではなく、そのしわ寄せが、皆さんが働く現場にいってしまっている部分があると思います。これも大変難しい問題で、僕は明確な答えは持ち合わせていませんが、一つには、本書の「『こどもかいぎ』のための時間がない、人がいない…というときの工夫」（34ページ）でも書かせていただいたように、**チーム保育や、サブ的な業務の割り振り、役割分担、カリキュラムや時間の見直し、もしくは「こどもかいぎ」を遊びの一つにカウントしてしまう**、などによって、人と時間を捻出できたら……いいですよね……。

　もし、これらのことが実現できたら、ぜひ、挑んでもらいたいなぁと願っているのが、フィロソフィー系です。本書のトピックのコーナーでもご紹介させていただきましたが、必然性のない、結論の出にくい問いについて語り合うことは、さらに「こどもかいぎ」の面白さを実感できる機会になるんじゃないかなと思っています。

　ぜひ、皆さんにも体験してみてもらいたいなぁ～！

Q2 よく「脱線事故」が発生して、全然違う話に
なってしまいます……

A2 いいじゃないですか〜！盛り上がっている証拠だと思います！軌道修正し
たくなるのはすごく分かりますが、必ずしも、**最初のトピックから逸れ
てはいけないということはありません**。話し合いがどんどんと進展していくことで
新しい発想が浮かんだりもしますよね。流すのか、戻すのか、ファシリテーターの腕
の見せどころではあります。

　正直、どちらでも良いと思います。**枝分かれした道のりのなかにこそ、子どもた
ちの興味・関心や価値観が隠れている可能性がある**からです。進行方向とズレたコ
メントが出てしまっても、子どもたちの頭が回転してどんどん言葉が出てくるという
のであれば、「別区間」を走っていいんじゃないかなと思います。大人もそうですよ
ね。もともと、話していたことではなく、「気付いたら全然違う路線に乗っている」っ
てこと。

　ただ、**話についていけない子が出る可能性もあるので、途中で解説を加えてみる
など工夫が必要になるかも**しれませんし、もともとのトピックで既に話を組み立て
ているお子さんもいると思うので、しばらくしてから戻ってみるのも良いかもしれま
せん。

　「本線」に戻したほうが良さそうだなと判断した場合は、「なるほど〜。面白い
ね！」などの共感の言葉を伝えてから、「○○ちゃんが今話してくれているのは○○
についてだよね？今は△△の話をしているんだけど、△△についてはどう思う？」
とさりげなく元のトピックについての意見を聴いてみたり、「今は△△の話をしてい
るから、○○についてはまた今度聴かせてね」とお礼を言いつつ、戻してみるとバッ
チグーです。

　ポイントは、揺れ動くなかでの心理的安全性をどうやって確保するか。いかに楽
しんでもらうかが大事ですね。

Q3 おもちゃで遊んでいたりして、「かいぎ」に参加しようとしてくれません……

A3 分かります。そういうお子さんはいっぱいいると思います。ただ、その時間帯に「かいぎ」をすることは、いわば、大人の都合でもありますので、まずは自分のやりたいことを途中で止められる子どもの気持ちを汲んであげてください。

「遊んでいるところ、ごめんね。そろそろみんなで『かいぎ』を始めたいんだけど、〇〇ちゃんは参加できるかな？」と参加の可否を聞き、出たくないのであればその気持ちを尊重し、場合によっては途中から参加しても良いことを伝えても良いでしょう。おもちゃと一緒に参加したい気持ちがあればそれも受け入れて、持ったまま参加してもらったり、何らかの工夫をすることで、気持ち良く「かいぎ」に参加してもらえたらいいですね。

そもそも、「こどもかいぎ」に一切関わろうとしないお子さんもいると思います。言葉のやりとりにあまり関心がない、苦手な子もいれば、どんなものかが分からないから一歩を踏み出せないお子さんも。映画撮影のときにも、最終的に一度も経験しなかった慎重派のお子さんがいらっしゃいました。それが良いのかどうかは僕らには判断がつきません。子どもの成長は短期で見ないほうが賢明ですからね。

ちょっと面倒かもしれませんが、**ぜひ皆さんにお願いしたいことは、参加しようとしない子にも「定期的にはたらきかけをする」**ことです。「こどもかいぎ」よりも虫を探したい！というお子さんも、みんながやっている姿を見て、**実は入りたいけど今さら言えない、ということがあるかも**しれませんし、子どもの希望はルーレットみたいなところがありますよね。ちょっとした後押しできっかけをつかむ子どもも、きっといると思います。

再三書いておりますように、「こどもかいぎ」は無理して参加させるものではありませんし、短期的に見れば影響は限定的です。ただ、**子どもたちが「人生100年時代」を生きると考えた場合、対話活動によって獲得できる膨大な可能性を放棄するのは、果たしてその子にとって良いのだろうか……**、と思ったりします。いわば「やりたがらないから」という理由で、ひらがなが書けず、足し算や引き算ができず、主要な国名も分からないままでいるとしたら、その子の先行きに関わりますよね。コミュニケーションや対話は、それくらい欠かせないことだと僕は考えています。

Q4 発達障がいのあるお子さんと「こどもかいぎ」をするのが難しいです…

A4 発達障がいにもグラデーションがあるので、一概には言えないのですが、もし、対話活動に参加できる状態ではない場合は、**無理に参加してもらわなくても良い**のではないかと思います。先に書いたように、発達とパーソナリティーによって、**対話活動が合わないお子さんもいるのは事実**です。

　何より「座りなさい」「静かにしなさい」と言われ、「やらなきゃいけない状況」になると、子どもたちにとって、「こどもかいぎ」は魅力の薄いものになってしまいます。どうしても子どもたちが遊びたがったり、座っていられない**敗色濃厚の情勢になったら、いっそのこと、一緒に遊んでしまうのはいかがでしょうか。**

　一回くらい飛ばしてたっていいと思います。一緒に遊ぶなどして、「とにかく楽しかった」という印象を持ってもらう方が優先です。発言も対話もしていないにもかかわらず、「『こどもかいぎ』楽しかった」という認識になるため、次につながります。

　もし、一斉保育をする方針の園で、発達に課題を抱えた子どもがいることで、ストレスが増してしまうようであれば、対話活動をするときには、何チームかに分けてみるなど、工夫して進められると良いですね。**実際に話し合いが全く成立しなくなってしまうことが想定される場合には、悩みに悩んだ末、対話の時間には他のことをしてもらっている、という園も**ありました。難題です。

　一言で言えば、**無理をしないこと**かなぁと思います。「こどもかいぎ」で大切にしたい3つのことの一つに「話さない子の存在も尊重されること」がありましたが、「話したくない子の存在も尊重してあげる」という観点も必要かもしれませんね。

　子どもの発達と成長は多層的ですから、すべての子に同質のものを提供しようとすると、なかなかそれ自体が難しいものになってしまいそうです。とはいえ、そういう方針のところもあるでしょうし、一斉保育にしないと手間と時間がかかってしまう、ということもありますから、難しい問題ですよね。いろいろな方々と情報共有をして、子どもたちの最善の利益を考えていきたいですね。

おしまいに
こどもかいぎで起きた奇跡的なエピソード

なかなか口を開かなかったサヤカちゃん

さて、ここまでいかがでしたでしょうか?

最後に、映画『こどもかいぎ』の撮影中に僕が体験した奇跡的なエピソードをお届けして、終わりにさせていただこうと思います。ちょっぴり、お付き合いください。

『こどもかいぎ』の撮影を始めてしばらくの間、「かいぎ」で全く発言しない女の子がいました。サヤカちゃんという5歳の女の子です。

周りのお友達の発言を、見てはいるものの、自分から口を開こうとはしません。ファシリテーターの先生から質問を振られても、じーっと見ては目をそらし、口は閉ざしたまま。喋りたいことがあるのかないのか、それとも、緊張して話せないのか……彼女の<u>笑顔はおろか、長い間、声すら耳にすることはありませんでした。</u>

ある先生は「あそこまでシャイな子は初めて会った」とおっしゃっていましたが、たしかに僕も同じ印象でした。僕は園に行くと、よく撮影をほっぽらかして、肩車をしたり、追いかけっこをしたり、子どもたちと遊ぶことが多くて、「くるりんぱ」なんてやると、人気ラーメン店くらいの行列ができていたんですが😀、そういうところにサヤカちゃんは決して入って来ない。やっぱり一人遊びが多く、僕が見ると、いつもカルタをやっているか、絵を描いていました。

担任の先生に聞いてみると、もともと引っ込み思案なことに加えて、年中さんになって転園してきたこともあり、なかなか新しい環境に馴染めなかったようです。2ヶ月経ってようやく職員と喋るようにはなったものの、**子ども同士ではほとんど話さない。**何とかしようと、最初はサヤカちゃんと一緒に遊んで、他の子が入ってきたところでフェードアウトしていく、ということを何度かやったものの、先生がいないことに気付くと抜けてしまう、というパターンの繰り返しだったそうです。

ただ、親御さんに聞いてみると、家ではよく話すし、姉妹ケンカもするので、**自己主張ができないわけではない**とのこと。先生たちは、彼女の個性として捉えて、見守っていくことにしました。

そんな感じだったので、「かいぎ」に参加するのは辛いのかな？とも思い、2回くらいやったところで先生に相談しました。

この時の**先生の対応が素敵だったのが、ご自分で判断しなかったこと**です。僕だったら「つまらなそうだから誘うのをやめようかな」と勝手に決めつけちゃうんですが、**先生は直接、サヤカちゃんに聞いて対話した**んですね。

返答は意外なものでした。**サヤカちゃんは「かいぎ」に出たい、と言う**のです。

実際、誘えば出席するし、発話してはいないものの、嫌そうにはしていたわけではなく、みんなの話を聞いて、様子をうかがっているような感じでした。

そんななか、**変化は突然、訪れます。**

「かいぎ」に参加するようになって、6回目。

「どうしてお友達とケンカをしてしまうんだろう？」というトピックで話をしていた時のこと。「おうちでもケンカするのかな？」という名物ファシリテーター・カッキー先生からの質問に、サヤカちゃんがフッとつぶやいたのです。

「するよ……」と。

あ——————！！！！！
サヤカちゃん、喋った——————！！！！！

僕は心の中で叫びながら、カメラを向けました。カッキー先生もきっと興奮していたと思いますが、おくびにも出さずに続けます。「え？するの？ふ〜ん。どんな感じなの？」するとサヤカちゃんはしばらく考え込みました。あ、また殻の中に入っちゃったかな……。そう思いながら撮影を続けていると、しばらくしてサヤカちゃんが再び、口を開きました。

「おもちゃがさ、あのサヤカがさ、あのさ、遊ばないでって言ってるのに、お姉ちゃんが取っちゃうから」あ、サヤカちゃんこういう声してたんだぁ〜。少し聞き取りにくくはありましたが、**初めてサヤカちゃんの気持ちが入った言葉を聞きました。**

「遊ばないでって言ってるのに、おもちゃ取られたりするんだ？やっぱ、物の取り合いとかが多いのかな〜？」カッキー先生は定石の「おうむ返し」をしつつ、顔はほころんでいます。ニヤニヤ、に近いかもしれません😊。

　サヤカちゃんが広げた世界に、他の子が乗っかってきます。「チカちゃんとマホちゃんがケンカしてるとこ見たよ！」「シンタロウくんが悪いこと言ってたー」見ると、サヤカちゃんは嬉しそう〜にお友達の話を聴いています。

　その後のサヤカちゃんは饒舌でした。ポップコーンが弾けるように、次々と言葉が飛び出てきます。頭にあるビジョンを言葉に変換するのが楽しいのでしょう。初めて手も挙げました。先生が指すと「あっ、忘れた！」とおどけます。あの、サヤカちゃんが、です。

　気付くと、横でマイクを掲げていたスタッフは目に涙を浮かべています。彼女も先生方とは異なる立場で、サヤカちゃんを見守っていたんですね。カメラ越しに見ていた僕も、このサヤカちゃんの姿にはとても感動しました。

　カッキー先生は「回を経るごとに安心感が彼女の中に積み重なっていったから、みんなの前で話をしてくれるようになったのかなぁー！」と後に語られていましたが、**できなかったことができるようになったときの子どもの変化や成長、一生懸命取り組んでいる姿、そして子どもが心の顔を見せてくれたときというのは、心を打ちます。人生で最も美しいと思うものの一つです。**

　きっと現場にいる皆さんは、こういう経験がたくさんあるのでしょうね！いも虫から美しい蝶になって飛び立っていくように、子どもが最も変化し、成長する姿を間近で見られる環境というのは、正直、羨ましいです。

　時間になって先生が終わりにしようとしても、サヤカちゃんからの発言は止まりません。最後に、「ケンカにならないようにするためにはどうしたらいい？」と聞かれたサヤカちゃんは、こう笑顔で答えました。

　「お友達が話しているときは、話聞かないって言ったら、ダメだよ」

サヤカちゃんが初めて「かいぎ」を体験してから、8ヶ月が経過していました。

そこからのサヤカちゃんは、人が変わったように積極的に手を挙げてお話しすることが増え、卒園の頃には自分の夢をカメラの前で高らかに語ってくれるようになりました（映画のなかにも出てきます）。

きっと、サヤカちゃんはサヤカちゃんなりに、心の中で思っていたことはあったと思うんです。あくまで勝手な想像でしかありませんが、もしかしたら、みんなと仲良くしたいなと思っていたけれど、うまく自分を出せない。つながりたい気持ちはあっても、どうしたらいいのか分からない。想いを伝えたいのだけれど、言葉が出てこない……。このような入り混じる感情が、重いリュックサックみたいに、のしかかっていたのかもしれません。

サヤカちゃんの変化は、「こどもかいぎ」の「新たな可能性」に気付くきっかけになりました。それは、「こどもかいぎ」は、単におしゃべりするだけの場ではなく、「子どもたちが安心できる居場所」にもなり、自己肯定感を上げ得る、ということです。

サヤカちゃんが話し始めるまで、約8ヶ月。ここまでかけられる余裕はなかなかないかもしれませんが、子どもたちは聞かれないだけで、いろいろなことを日々考えています。

じっくり、じっくり、育てることで開く蕾が、子どもたちの中にはた〜くさん、眠っているような気がします。

保育・教育の現場は日本の未来を作る最前線

きっと、サヤカちゃんのようなお子さんが、皆さんの周囲にもいらっしゃると思います。**自分の思っていることを言いたい、自分の言葉を聞いてもらいたい、受け止めてもらいたい……。けれど、その方法が分からなければ、その楽しさを実感したこともない、というお子さん、きっと、全国にいると思います。**そういうお子さんたちの花を咲かせるのに、最も近い距離にいるのが皆さんたちです。

どんな植物だって、どんな食材だって、どんなプロジェクトだって、最初の部分がうまくいくと、幸福と笑顔の確率は高まりますよね。人間も全く同じだと思います。

　ぜひ皆さんに、これからの人生で最も大切なことの一つ、コミュニケーション、対話、自分の気持ちを伝えること、愛と感謝を届けること、人の話を聴く力を、子どもたちにプレゼントしてもらいたいなぁと願っています。

　やり方が分からなくなったり、ちょっと自信をなくしてしまったら、またこの本を読んでください。方法がよく分からなくて一歩を踏み出せない方や、周りの理解が足りなくて始められない方に、ぜひこの本を読んでもらってください。

　「こどもかいぎ」の習慣は、きっと皆さんに、笑顔と成長を提供してくれます。

　最後にカトリック教会の聖人であるマザー・テレサのお言葉をご紹介します。

　昨日は去りました
　明日はまだ来ていません
　今日があるのみ
　さあ、始めましょう

映画『こどもかいぎ』より

おわりに

　皆さま〜、おつかれサマンサでした〜！著者の豪田トモです！本書は以上になります。いかがだったでしょうか？ここまで読んでいただいて、本当に本当に、ありがとうございました！稚拙な文章で読みにくかったところもあったかと思いますが、お付き合いくださったことに改めて感謝申し上げます。

　また、門外漢である僕がえらそうなことをたくさん書いてしまって申し訳ありませんっ！子どもたちの未来をもっともっと明るいものにしたい！一人でも多くの子どもたちに発言と対話の場を作りたい！と強い思いで、がんばルンバしてきました。皆さんの毎日、お仕事、そして人生に少しでもお役に立ち、多くの方に「チョベリグー〜！」と思っていただければ、こんなに嬉しいことはありません。

　冒頭でも書きましたが、**本書は提言書ではなく、皆さんへの感謝状であり、ラブレターです**。皆さんの仕事に対する敬意から筆を執ったことを、ご理解いただけるとうれしいです。

　おかげさまで、映画『こどもかいぎ』を作ってから、子どもに関わる方々から講演会に呼んでいただく機会がとても増えました。ただ……、大変、失礼なお話になりますが、少し元気がないような方もちらほらとお見受けします。

　それはきっと、最近の報道のあり方や、忙しすぎるブラックな労働環境、難易度が高まっている保護者対応などが影響しているのではないかと推測しています。

　僕が知っている保育や教育などの現場は、もっともっと明るく、子どもたちの笑顔に満ちていて、そして皆さんの思いの詰まったステージです。子どもを見守る奥義と感性、才能を持った優秀な方々が、人間の根っこと社会の基礎を作るべく日々奮闘されている、日本の未来を作る最前線。

皆さんのお仕事は、本当に尊く、貴重なものです。言わば、皆さんこそが「エッセンシャル・ワーカー」。ぜひ、そのことを胸に刻んで、自信を持っていただきたいんです。

　愛する我が子を毎日預けている保護者の多くは、皆さんがやってくれていることをちゃんと分かっています。心の中では、いつも感謝の気持ちを持っています。少なくとも、ここに、皆さんのことを心から応援しているイチ映画監督がいることだけは、胸に留めておいてください!!

　この書籍を執筆する機会をくださり、編集してくれた、中央法規出版の荒川さん、平林さん、西崎さん、彼らにつなげてくださった中村ゆきねえ、一緒にトリセツを作ってきた『おとなかいぎ』のメンバーや監修の成川先生、認定NPO法人フローレンスの皆さん、子どもたちの言葉に一緒に泣いたり笑ったりしながら『こどもかいぎ』を作ってきたスタッフの香織ちゃん、ステキなイラストを提供してくださった、たけのこさん、そしていつも僕らの活動を応援してくださっているサポーターの皆さん、産み育ててくれたお母さん、お父さん、支え合いながら一緒に育ってきた弟に、心からの感謝を表したいと思います。ありがとうございました!

　そして最大級の感謝は、妻と娘に送らせてください。2人は僕が生きていく原動力であり、クリエイティブの源泉であり、幸せの原点です。いつもありがとう!

　ではこの辺りでドロンします。また皆さんにお会いできるときまで。バイなら〜。

豪田トモ

子どもの育ちに関わる
保育者のみなさんが
子どもたちの声に
笑った！泣いた！驚いた！

監督・撮影：豪田トモ
ナレーション：糸井重里
音楽：「ビューティフル・ネーム」ゴダイゴ
後援：内閣府　推薦：厚生労働省
2022年夏 劇場公開作品（88分）

　映画『こどもかいぎ』は、子どもたち
が「かいぎ」をする保育園を1年間にわ
たって撮影したドキュメンタリーです。
話し合うテーマは、日々の何げないもの
から、ケンカや戦争のこと、「なんで生ま
れてきたの？」なんていう哲学的なもの
まで。

　子どもたちの「かいぎ」には、明確な
答えも結論もありませんが、繰り広げら
れる奇想天外な発想と、まっすぐな言葉
に、「対話」の重要性と私たち大人のすべ
きことを再認識していただけることと思
います。

著名人からの絶賛コメント
西田敏行氏（俳優）、三木谷浩史氏（楽
天会長）、茂木健一郎氏（脳科学者）、
汐見稔幸氏（教育学者）、大豆生田啓
友氏（教育学教授）、ヨシタケシンス
ケ氏（絵本作家）、つるの剛士氏（タレ
ント）、高濱正伸氏（花まる学習会）、
大日向雅美氏（心理学者／教授）

他多数

保育者のみなさんからの映画の感想
「保育という仕事に誇りを持ちまし
た！」
「こどもの世界は大人が決めつけては
いけない、どんどん広がる！」
「対話ってすごい！子どもとの向き合
い方をまた一つ学べた」
「すぐにでも自分の保育に生かした
い。子どもたちと話がしたいです」

等多数

『こどもかいぎ』を研修にご利用ください。

子どもたちとの関わりの質を向上させるため、保育者のみなさまの地位向上のため、ぜひ、研修・勉強会に『こどもかいぎ』をご利用ください。

映画『こどもかいぎ』の上映会

各地域の保育士会や幼稚園協会、それぞれ個別の園のみなさまに映画上映会を開催していただけます！お忙しいみなさんに使っていただけるオンライン上映も可能です。

メールで完全サポート！させていただきますので、安心してご利用ください。

上映料金：鑑賞者１名＝550円×人数（最低保証料金 55,000円税込）

『こどもかいぎ』研修用DVDパッケージ

研修資料として使いやすい場面を抜き出して再編集したDVD

※映画本編全編は入っておりません

＜内容＞

①『こどもかいぎ』編〔約31分〕

②保育士と子どもたちとの関わり編〔約30分〕

＜特典映像＞

【対談】監督・豪田トモとの特別対談

汐見稔幸氏（東京大学名誉教授）〔約24分〕

大豆生田啓友氏（玉川大学教育学部教授）〔約30分〕等、合計140分

価格：19,800円（税込）

その他、子どもたちに「こどもかいぎ」をやってあげたいけど、どこから手をつければよいか分からない……という方のために、オンラインで導入のためのプランニングと実践をサポートさせていただく【『こどもかいぎ』導入サポートパック】や、監督・豪田トモの講演会なども研修にご利用いただけます。

●お申込＆詳細は映画『こどもかいぎ』公式ホームページにて
https://www.umareru.jp/everycinema/school-program.html

こどもかいぎ　保育

こどもかいぎ のトリセツ

まとめ集

1. 「こどもかいぎ」の基本

❶ 「こどもかいぎ」の基本枠組！

参加者：誰でもウェルカムです！

年　齢：おすすめは4歳頃からのスタート

人　数：推奨人数は5〜6人だけど、クラス
　　　　全員でもOK！

場　所：円座できるスペースがあればどこでも

時間帯：都合に合わせていつでも

長　さ：最初は数分からスタートし、20分
　　　　から30分程度を推奨します

❷ 「こどもかいぎ」の5つの定義（のようなもの）

1. 様々な内容について話し合う

2. 自由になんでも発言してよい

3. お友達の話していることを聴く

4. 「おとな」のファシリテーターが進行役

5. 答えはなくてよい

❸ 「こどもかいぎ」で大切な3つのこと

1.【聴く】

2.【発言する】

3.【尊重される】

❹ 子どもに対話が必要な3つの理由

1. 子どもたちが抱える問題があまりにも深刻だから

2. 対話の効果によって子どもたちを救う可能性が高まるから

3. 対話は未来を作るために大切なことだから

❺ 「こどもかいぎ」の3つの効果

1. 子どもたちの個々の能力が爆上がり！

聴く力、話す力、表現力、語彙力、理解力、集中力、思考力、想像力、発想力、自己理解力、他者理解力、共感力、繋がる力、多様性、問題解決・改善力、分からないことを明確にする力、助けを求める力、新しい価値を創造する力、正解のない社会を生き抜く力、未来を信じる力

2. 心理的に安全な場が作られる！

・自己肯定感や自尊心が高まる。

・子どもの居場所になる。

・仲間意識や共感性が芽生えるきっかけになる。

・幸福感やウェルビーイングも高まる。

・家庭で自己肯定感を育めない子どものセーフティーネットになりうる。

3. 子どもの様々な問題を改善する！

児童虐待、いじめ、うつ、ひきこもり、不登校、ヤングケアラー、自殺、性暴力、貧困、ゲーム依存……等

[予防に役立つこと]

児童虐待、DV、性暴力、依存症、自殺、犯罪、暴力、反社会的活動、うつ・精神疾患、パワハラなど各種ハラスメント、ストーカー、モンスター・ペアレンツなどの「モンスター・○○」、ジェンダーギャップ……等

❻ 「こどもかいぎ」が大人に与える効果・影響

・知らなかった子どもたちの世界や心の内を知ることができる

・大人と子どもの相互理解が進む

・今まで以上に子どもを尊重するようになる

・子どもと接することが、さらに楽しくなる

・大人のコミュニケーション力やファシリテーション力もアップする

・大人同士の対話が増える

・コミュニケーション・スタイルがアップデートされる

・脳を活性化させる

❼ 「こどもかいぎ」の目的候補

・自分の意見を表現する方法を学ぶ

・他者の意見を聴く方法を学ぶ

- ・想像力や発想力を伸ばす
- ・理解力や思考力を伸ばす
- ・コミュニケーション力を伸ばす
- ・自分自身と他者への理解を深める
- ・高い自己肯定感を持ってもらう
- ・幸福感やウェルビーイングを高める
- ・自分を受容してもらい、他者を受容する感覚を学ぶ
- ・お友達とつながる力や仲間意識を目覚めさせる
- ・他者との関わりを、もっと楽しいものにする
- ・子どもたちが過ごす環境をより良くする
- ・子ども同士のケンカや諍いごとなどを改善・解決する
- ・新しいものを一緒に生み出す
- ・大人と子どもの相互理解を進める
- ・自分とは違う意見があることを知り、新たな気付きにつなげる
- ・子どもたちの気持ちや考えを知りたい
- ・正解のない社会を生き抜く力を養う
- ・将来、コミュニケーションによって悩む機会を少しでも減らす
- ・平和な未来を作るきっかけとする
- ・最終目標は世界平和!!

❽「こどもかいぎ」始め方の10ステップ
1. まず、丸く並べた椅子に座る
2. ファシリテーターが挨拶をする
3. 参加者一人一人に声をかける
4.「こどもかいぎ」とは何かを説明する
5.「こどもかいぎ」を宣言する
6. 参加者の名前を紹介する
7. 声がきちんと聴こえているかを確認する
8. ちょっとしたアイスブレイクがあると始めやすいかも
9. 注意事項やルールについて簡単に伝える
10. 実際に話し合う内容を投げかけて、「かいぎ」スタート!

❾「こどもかいぎ」終わり方の5ステップ
1.「終了予告」をしましょう
2. 感想を聴いて、花丸コメントを!

3. まとめ
4. 終了後の受け皿
5. 終了の儀式

❿ファシリテーターの7つの役割
1. ルールの説明をする
2. 雰囲気作りをする
3. 進行する
4. 話し合うトピックを投げかける
5. 話を聴く
6. 話を引き出す
7. 見守る

⓫ファシリテーターの「場作り」で大切な5つのコツ　S・M・I・L・E(スマイル)
- ・Smile(笑顔)
- ・Method(話の聴き方、話し方)
- ・Icebreak(アイスブレイク)
- ・Loyalty(信頼関係)
- ・Enjoyable(楽しそうな雰囲気)

⓬心理的安全性を高める3つの話の聴き方
1. 相手の言葉を否定しない
2. 最後まで聴く
3. 反応が分かるように聴く
   [コツ]
   - ・口角を上げて笑顔で
   - ・うなずく
   - ・おうむ返し
   - ・テンション高めにリアクションする
   - ・内容を確認する
   - ・祝福する・ほめる
   - ・お礼を言う
   [その他の聴き方]
   - ・言葉を拾う
   - ・言葉になっていないサインをキャッチする

⓭「会話」と「対話」の違い
- ・会話…情報と感情の交換作業
- ・対話…思考と思想の交換作業

⓮質問の仕方：パス出しテクニック
- ・「クローズド・クエスチョン」と「オープン・クエスチョン」を使い分ける
- ・クイズやゲーム形式を活用する
- ・みんなはどう思ってるのかな？　ゲーム

・質問ゲーム

・どっちにする？　ゲーム

・ぬいぐるみパス

・相談してみる

・他の子にも質問を振る

・続きを聴く

・理由を聴く

・あえて反論する

・追い質問をする

　　「例えば、どういうことかな？」

　　「もし〜だったらどうかな？」

　　「こういう場合はどうなるかな？」

　　「AとBだったらどっち（が良い、好き）

　　　かな？」

　　「じゃあ、これはどうかな？」

⑮子どもから言葉があふれる会話の「ショート
カット」は「3D」

　1．Daily …日常の話題

　2．Daisuki …好きなこと

　3．Disclosure …自己開示

⑯ファシリテーターの7つのNG対応

　1．話しすぎる

　2．話を途中で遮る

　3．ネガティブなリアクションをする

　4．言葉を急かす

　5．大きな声で叱る

　6．無理に結論を出そうとする

　7．「指導」しようとする

2 「こどもかいぎ」の「罠」にご注意

❶間違った受け止め方

　1．よく話す子が「良い子」にならないよう
に……

　2．子どもの思いを聴き取れていると勘違い
しないように……

❷子どもたちに伝える「お約束」

　1．何でも自由に話して良いんだよ。先生は
怒ったり馬鹿にしたりしないから安心し
てね。

　2．話したいことがある時は、手を挙げてか
ら話そうね。

3．お友達がお話をしている時は、最後まで
聴こうね。

4．お友達のお話を馬鹿にしたり、誰かが嫌
がるようなチクチク言葉は言わないよう
にしようね。

5．「かいぎ」中は、椅子から離れないよう
にしようね。

6．もう少し考えたいとか、どう話していい
か分からない場合は「パス」と言っても
いいからね。

7．ここでお話することが苦手だったり、う
まく言えなかったりした時は、無理にお
話しなくてもいいからね。

8．やりたくなかったらやらなくていいし、
やめたかったら先生に言って抜けてもい
いからね。

9．どうしても話したいことがあったら、「か
いぎ」が終わった後でもいつでもお話を
聴くから言ってね。

❸子どもたちだけで「かいぎ」をするメリット

・子ども同士の方が、かえって話しやすい場
合もあり、対話が弾む。

・ファシリテーターをする難しさを知った
り、そのスキルを学ぶことができる。

・大人の手がかからない。

❹子どもたちだけで『かいぎ』をするデメリット

・大人がじっくり話を聴いてくれることから
生じる自己肯定感を得る機会が失われる。

・大人と子どもが相互理解を図れなくなる。

・話し合いの方向性が定まらなかったり、対
話の深い部分まで到達できなかったり、途
中でケンカになったりしてしまう可能性が
ある。

・うまくファシリテーションができず、自信
をなくしてしまう可能性がある。

3 「かいぎ」のトピック集

❶デイリー系(Daily)：日常の出来事について
話し合ったり、報告し合ったりする

・朝ご飯は何を食べた？

・昨日、おうちでどんなお話をした？

・どんなことをして遊んだのかな？

・今日、楽しかったのはどんなことがあるかな？

・お休みの時にどんなことをしたのかな？

・お散歩の時に公園にゴミが落ちていたけれど、どう思った？

・今日、見た夢は？

❷フェイバリット系（Favorite）: 好きなもの・こと・人・経験について話し合う

・好きな食べ物・嫌いな食べ物は？

・ママ・パパの好きなところは？

・好きな遊びは？

・最近、楽しかったこと・嫌だったことは？

・好きな・ハマっているもの・ことは？

・みんなの宝物は？

・これまでもらったプレゼントで一番嬉しかったのは？

❸テーマ系（Theme）: 先生もしくは、子どもたちが設定した内容をもとに話し合う

・どうしてケンカをするの？

・なぜお母さん・お父さんは怒るの？

・見た夢で覚えていることはある？

・電車・車・バスはどうやって動いているの？

・ニュースで◎◎を見たんだけど、みんな知ってる？

❹イベント系（Event）: お散歩や遠足に行く場所、運動会、卒園式など行事の内容を話し合う

・今日のお散歩はどこに行く？

・運動会で何をやりたい？

・お楽しみ会でどんな劇をやりたい？

・今度の遠足はどこに行きたい？

・卒園式でどんな歌を歌いたい？

❺フィロソフィー系（Philosophy）: 答えの出ない、少し哲学的な要素の入った話題について話し合う（注：以下のジャンルは、便宜上、分けているだけですので、参考程度にご覧ください）

［自然や天気］

・なぜ雨や雪が降るの？

・なぜ朝と夜があるの？

・なぜ夏は暑い？　冬は寒い？

［人間関係］

・なぜケンカをするの？

・ケンカの後、どうやって仲直りすればいい？

・なんでお友達の悪口を言っちゃいけないの？

［気持ち］

・どうして涙が出るの？

・嫌な気持ち・悲しい気持ちになっちゃった時はどうすればいい？

・好きとか嫌いってどういうこと？

［命］

・なぜ生まれてきたの？

・死ぬってどういうこと？　人は死ぬとどうなるの？

・なぜ人は生きるの？

［その他］

・大人ってどんな人？　大人になるってどういうこと？

・将来の夢は？

・電車・車・バスはどうやって動いているの？

こどもかいぎのトリセツ

制作に関わった人たち

作者：『こどもかいぎ』企画・監督・撮影

　　　豪田トモ

制作：牛山朋子、徳田香織

サポート・ライター：羽塚順子

ご意見番：『おとなかいぎ』のメンバーの皆さま

　　　石川一喜（大学教員）、にしもりとみこ（公務員）、佐藤有紀恵（保健師）、緑川法子（心理カウンセラー）、井上誠也（一般社団法人代表理事）、野島美樹（幼児教室代表）、あまちゃん（保育士）、柿田安岐子（看護師）、中村由紀子（小児科医）、橋本誠（精神科医）、小林正忠（上場企業役員）

WEBデザイン：BACKPACK

　　　https://backpack-tokyo.com/

イラスト：たけのこ

　　　https://www.takenokotori-blog.com/

監修：大豆生田啓友先生（玉川大学教育学部教授）

　　　高取しづかさま（ことばキャンプ主宰）

　　　青山誠さま（上町しぜんの国保育園施設長）

　　　成川宏子さま（みんなのみらいをつくる保育園東雲園長）＆ 認定NPO法人フローレンスの皆さま

　　　小川泰治さま（特定非営利活動法人こども哲学おとな哲学アーダコーダ理事）

　　　竹本記子さま（特定非営利活動法人日本ファシリテーション協会会長）・上井靖さま（同会員）

　　　鷲見典暁さま（アイスブレイク協会会長）

　　　ヒルトゥネン久美子さま（フィンランド・パート）

（所属・肩書は映画撮影当時）

■参考文献

こども哲学おとな哲学アーダコーダ『こどもてつがくハンドブック－自由に考え、自由に話す場のつくり方』アルパカ, 2019.

柴田愛子・青山誠『子どもたちのミーティング－りんごの木の保育実践から』りんごの木, 2011.

小川仁志『子どもテツガク』主婦の友社, 2021.

井庭崇・長井雅史『対話のことば－オープンダイアローグに学ぶ問題解消のための対話の心得』丸善出版, 2018.

河野哲也・土屋陽介ほか『子どもの哲学－考えることをはじめた君へ』毎日新聞出版, 2015.

河野哲也・土屋陽介ほか『この世界のしくみ－子どもの哲学2』毎日新聞出版, 2018.

梶谷真司『考えるとはどういうことか－0歳から100歳までの哲学入門』幻冬舎, 2018.

大豆生田啓友編著『「子ども主体の協同的な学び」が生まれる保育（Gakken保育Books）』Gakken, 2014.

井庭崇編著、中埜博・江渡浩一郎ほか著『パターン・ランゲージ－創造的な未来をつくるための言語（リアリティ・プラス）』慶応義塾大学出版会, 2013.

青山誠『あなたも保育者になれる－子どもの心に耳をすますための22のヒント』小学館, 2017.

ケイト・マーフィ、篠田真貴子監訳、松丸さとみ訳『LISTEN－知性豊かで創造力がある人になれる』日経BP, 2021.

■参考サイト

・こどもかいぎ研究会
　https://www.facebook.com/groups/405167178323881
・ことばキャンプ
　https://kotobacamp.com/
・特定非営利活動法人こども哲学おとな哲学アーダコーダ
　http://ardacoda.com/
・特定非営利活動法人日本ファシリテーション協会
　https://www.faj.or.jp/
・アイスブレイク協会
　https://www.icebreak-organization.com/
・子ども向けアイスブレイク20選
　https://minnano-icebreak.com/icebreak-for-children/#i
・小学生向けアイスブレイク20選
　https://minnano-icebreak.com/icebreak-matome/#20-2
・Qワードカード＆ワークシート
　https://www.nhk.or.jp/school/sougou/q/origin/shiryou/
・てつがくおしゃべりカード
　https://amzn.to/3AMqmhX

著者・監修者紹介

著　者

豪田トモ（ごうだ・とも）

中央大学法学部卒。6年間のサラリーマン生活の後、29歳でカナダ・バンクーバーへ渡り4年間、映画製作の修行をする。帰国後はフリーランスの映像クリエイターとして、テレビ向けドキュメンタリーやプロモーション映像などを制作。
命と家族をテーマとしたドキュメンタリー映画『うまれる』（2010年／ナレーション＝つるの剛士）、『ずっと、いっしょ。』（2014年／ナレーション＝樹木希林）、『ママをやめてもいいですか！？』（2020年／ナレーション＝大泉洋）は累計100万人以上を動員。2019年に初の小説『オネエ産婦人科』（サンマーク出版）を刊行。著書に、『子どもが対話する保育「サークルタイム」のすすめ』（2022年／小学館・共著）、『うまれる かけがえのない、あなたへ』（2010年／PHP研究所）等がある。2022年に映画『こどもかいぎ』（ナレーション＝糸井重里）を公開。1児の父。

監修者

成川宏子（なりかわ・ひろこ）

短大卒業後、12年ほど幼稚園等に勤務。その後、2010年に認定NPO法人フローレンスに入職し、「おうち保育園」で保育スタッフとして勤務、3園の園長を経験する。2017年度からはフローレンス初の0〜5歳児が通う認可保育所「みんなのみらいをつくる保育園東雲」の園長に就任。法人の保育施設全体で「みんなの未来をつくることに自ら参加し、貢献し、そして楽しむ心を育む」ことを理念に掲げ、「シチズンシップ保育」を実践している。その一環として子どもたちの対話活動である「サークルタイム」や「ピースフルスクール・プログラム」に取り組んでいる。「『こどもかいぎ』のトリセツ」制作では監修者の一人として参加した。

「こどもかいぎ」のトリセツ
すぐできる！　対話力を育む保育

2023年11月18日　初 版 発 行
2024年 6 月 1 日　初版第 2 刷発行

著　者　豪田トモ

監修者　成川宏子

発行者　荘村明彦

発行所　中央法規出版株式会社

〒110-0016
東京都台東区台東 3 - 29 - 1 中央法規ビル
TEL 03 - 6387 - 3196
https://www.chuohoki.co.jp/

印刷・製本　　　株式会社アルキャスト
ブックデザイン　mg-okada
装幀・本文イラスト　たけのこ

定価はカバーに表示してあります。
ISBN978-4-8058-8969-5

本書の内容に関するご質問については、下記URLから「お問い合わせフォーム」にご入力いただきますようお願いいたします。
https://www.chuohoki.co.jp/contact/